T0209972

SÁLMICOS

REV. RICARDO MONTANO

Puede hacer pedidos de libros de WestBow Press en librerías o poniéndose en contacto con:

WestBow Press
A Division of Thomas Nelson & Zondervan
1663 Liberty Drive
Bloomington, IN 47403
www.westbowpress.com
844-714-3454

ISBN: 978-1-6642-8619-1 (tapa blanda)
ISBN: 978-1-6642-8620-7 (tapa dura)
ISBN: 978-1-6642-8618-4 (libro electrónico)

Número de Control de la Biblioteca del Congreso: 2022922601

Información sobre impresión disponible en la última página.

Fecha de revisión de WestBow Press: 12/14/2022

CONTENTS

INTRODUCCIÓN

Los salmos son poesía, pero también un vuelo para el alma. En su lectura experimentamos la espiritualidad, la presencia de Dios acariciándonos y convirtiéndose en una sensación de satisfacción incomparable, que a través de las emociones humanas nos trasladan a la paz y consuelo del Reino de Dios. Son una muestra de lo que sentimos ahora y lo que tendremos después. La filosofía del conocimiento humano es explicación de las consecuencias, después de los hechos. La sabiduría de Dios son instrucciones antes de los hechos para evitar las consecuencias. Dios es sabio.

Toda la Biblia es inspirada por Dios, pero los salmos poseen una especial y dedicada ministración del Espíritu Santo. Son mucho más íntimos con la divinidad. De cada letra, palabra y expresión en estos cánticos emana la esencia espiritual del autor celestial a través de las voces y manos humanas que lo registraron para su conservación en el transcurrir del tiempo histórico de la humanidad. En los salmos fluye el corazón de Dios.

El libro de los salmos ha sido estudiado, comentado y predicado en todas las maneras posibles, con todo tipo de enfoque teológico y doctrinal, por tanto, no pretendo arrojar nuevas luces o últimas revelaciones, sino solamente derramar el gozo del alma y las ideas que Dios ha colocado en mi mente durante su lectura. Tampoco abordaré todos los salmos, sino solo aquellos que Dios me lleve a escoger para reflexionar en ellos. Gracias a Dios por su inmensa misericordia. Gracias a ustedes los lectores por su bondad. Bendiciones para todos.

Rev. Ricardo montano

SÁLMICO 1

El salmo número uno comienza donde todo debió ser, pero nunca fue: *Bienaventurado el varón que no anduvo en consejo de malos, ni estuvo en camino de pecadores, ni en silla de escarnecedores se ha sentado, porque todos, consciente o inconscientemente, hemos estado en el lado equivocado.*

Andar en consejo de malos no es cometer un error en la elección del amoblado de la casa o la marca de auto adecuada. Es involucrase en decisiones que afecten negativamente la relación personal espiritual con Dios, así como de la Iglesia también. El camino de los pecadores es nuestro pasado, por donde transitábamos sin mirar ni pensar en Dios, cuando nuestros placeres acallaban el llamado del Espíritu Santo. La silla de los escarnecedores es la posición de los legalistas y religiosos que se erigen como jueces relegando a un segundo plano la única y exclusiva autoridad de Dios para hacer juicio. Este versículo solo se cumple cuando es atribuido a Jesús de Nazaret, el Hijo de Dios.

El segundo versículo es puro amor: *Sino que en la ley de Jehová está su delicia, y en su ley medita de día y de noche.*

Cualquier cosa que se convierta en nuestra delicia ocupará la mayor parte del tiempo y de los pensamientos. En nuestros días se ha puesto de moda reducir los servicios, acortar los sermones y terminar los cultos en la Iglesia lo más rápido posible. Al hacer esto estamos menospreciando a Dios y demostrando indiferencia hacia él. Imaginémonos a alguien que no desea estar mucho tiempo con su pareja escuchándola y conversando con ella, presentando siempre una excusa para irse rápido de su lado. ¿Qué podríamos pensar sobre esta actitud? Obviamente que no la ama. Cuando no buscamos con afán el conocimiento bíblico, no anhelamos la presencia de Dios y no deseamos predicar o escuchar un sermón doctrinal bien fundamentado, aunque tome tiempo, siento mucho tener que decirlo, pero eso es una muestra de falta de amor hacia Dios. Deleitarnos en las escrituras y profundizar en ellas con ahínco y perseverancia para recibir la revelación de la sabiduría divina es un imperativo de la vida cristiana.

El tercer versículo es una promesa de bendición que Dios otorga a todos aquellos que escogen el camino del sacrificio. *Será como árbol plantado junto a corrientes de aguas, que da su fruto en su tiempo, y su hoja no cae; Y todo lo que hace prosperará.*

Hay un árbol que sobresale entre todos, el buen árbol que da buenos frutos (Mateo 7:17), que no es otro que el árbol del evangelio plantado junto a corrientes de agua viva fluyendo de Jesús y sus palabras. Los árboles son símbolos de crecimiento, fortaleza y estabilidad. La Palabra de Dios es la que brinda estos tres factores de consolidación espiritual motivando un crecimiento óptimo que incluye alcanzar la altura, el ancho y la profundidad necesarios para disfrutar una vida cristiana plena, porque crecer sin aumentar es crecer con deficiencias.

El crecimiento de un árbol sucede en tres direcciones. Hacia abajo, para adquirir estabilidad y firmeza (raíces), hacia arriba para obtener estatura (follaje) y en grosor para tener fortaleza (tronco). De igual manera debe suceder en el crecimiento espiritual integral. Primero debemos crecer hacia abajo, tener raíces que sirvan de fundamento sólido basado en el conocimiento bíblico. Luego debemos elevarnos en estatura, concretar la fe para aumentar el rango de acción y el radio de visión, el follaje, y finalmente robustecer el tronco de nuestro árbol espiritual para optimizar la efectividad del ministerio y extenderlo al máximo.

La temporada de frutos llegará en el tiempo de Dios. Nuestra misión es hacer el trabajo encomendado. "Por tanto, id, y haced discípulos a todas las naciones, bautizándolos en el nombre del Padre, y del Hijo, y del Espíritu Santo" (Mateo 28:19). Los frutos los dará Dios. "Y el Señor añadía cada día a la Iglesia los que habían de ser salvos" (Hechos 2:47).

El frondoso follaje del árbol de los buenos frutos nunca se desvanecerá ni desaparecerá porque está nutrido con el poder del agua viva que da vida. Todo lo que se realiza con la energía proveniente de la fuente divina del Espíritu Santo indefectiblemente siempre prosperará. No depende de nosotros, es Dios quien lo hace. No tenemos motivos para titubear en el cumplimiento de los propósitos que nos han sido encomendados. En cambio, sí tenemos muchas promesas de confirmación y seguridad de que Dios estará en la vanguardia del combate protegiéndonos constantemente. "Mira que te mando que te esfuerces y seas valiente; no temas ni desmayes, porque Jehová tu Dios estará contigo en dondequiera que vayas" (Josué 1:9).

El versículo cuatro apunta hacia la dirección contraria: *No así los malos, que son como el tamo que arrebata el viento.*

La única manera posible de ser malo no solo es ser un criminal. Apartarse de la bondad de la Palabra de Dios para andar en la maldad del mundo entregado al servicio del pecado es convertirse en uno de los malos. Vivir dándole las espaldas a Dios sin tener ninguna espiritualidad divina controlando el carácter y la personalidad; rechazar a Jesucristo, despreciar sus enseñanzas y desdeñar la salvación eterna del alma, es ser uno de los malos.

La maldad como actitud personal no es obligatoria, podemos rechazarla ejerciendo el poder y la autoridad que nos ha sido entregada por la presencia del Espíritu Santo: "pero recibiréis poder, cuando haya venido sobre vosotros el Espíritu Santo" (Hechos 1:8). Los malos tienen un problema universal, no están firmes ni seguros en ningún lugar, porque son esclavos de las circunstancias inestables que provienen como resultado de su comportamiento, "son como el tamo que arrebata el viento". El tamo es como las cenizas o el polvo, que no tienen peso que los afirme en un lugar, y, por tanto, el viento los arrastra y dispersa hasta desaparecer. La Biblia dice "para que ya no seamos niños fluctuantes, llevados por todo viento de doctrina, por estratagemas de hombres que para engañar emplean con astucias las artimañas del error" (Efesios 4:14).

El versículo cuatro habla de las consecuencias temporales que enfrentan los malos, pero el versículo cinco describe las consecuencias con significado eterno: *Por tanto, no se levantarán los malos en el juicio, ni los pecadores en la congregación de los justos.*

El principio básico del juicio contra los malos y pecadores es la justicia de Dios, que se hace con justo juicio. "No puedo yo hacer nada por mí mismo; según oigo, así juzgo; y mi juicio es justo, porque no busco mi voluntad, sino la voluntad del que me envió, la del Padre" (Juan 5:30).

Hay que entender que ser justo no es ser tolerante, sino darle a cada cual lo que merece. Imaginemos a un transgresor de la ley traído delante de un juez buena gente que no castigue los delitos del acusado por lástima o simpatía con el delincuente. Eso no es justicia, es indolencia e irresponsabilidad. El fundamento principal de la justicia divina es la equidad. Dios no hace acepción de personas (Romanos 2:11). Los méritos delante de Dios no son las posiciones, sino las acciones. El objetivo fundamental del juicio es la separación por distinción de los buenos de los malos, debido a que los buenos se sienten incómodos dentro de los malos y para que los buenos no se contaminen con la maldad de los malos. Así hará Dios el día de la siega, cuando la cizaña será atada en manojos y echada al fuego, y el trigo será recogido y puesto en el granero del señor (Mateo 13:30).

La condenación de los malos es el resultado de sus propias decisiones contrarias a la Palabra de Dios. "Porque si pecáremos voluntariamente después de haber recibido el conocimiento de la verdad, ya no queda más sacrificio por los pecados, sino una horrenda expectación de juicio, y de hervor de fuego que ha de devorar a los adversarios" (Hebreos 10:26,27). Los justos deben definir claramente sus posiciones de santidad con testimonios de obediencia y fe para que los malos y pecadores entiendan que sin un cambio de naturaleza es imposible un cambio de actitud.

El versículo final separa los destinos: *Porque Jehová conoce el camino de los justos; mas la senda de los malos perecerá.*

La Biblia declara expresamente "Como está escrito: No hay justo, ni aun uno (Romanos 3:10). Entonces, ¿si no hay ni tan solo un justo, a cuáles justos se refiere este versículo? Sencillo, a los que han sido justificados por la fe en Jesucristo.

Nosotros no podemos justificarnos a nosotros mismos, es Dios al ver nuestro camino de fe quien nos justifica. Ser justificados por Dios no elimina el hecho de ser pecadores por herencia, sino que cambia nuestra posición ante el pecado.

Anteriormente éramos pecadores activos, separados y perdidos, mas ahora somos pecadores arrepentidos, perdonados y justificados. Los caminos que seguimos han sido enderezados delante de Dios para conducirnos a la gracia divina donde inmerecidamente recibimos la reconciliación y relación con Dios, así como la salvación de nuestras vidas.

Mas la senda de los malos perecerá. Las palabras camino y senda son sinónimos, pero podemos establecer una diferencia conceptual entre ellas. Camino es la vía oficial y senda es la variante opcional. No es lo mismo ir por el camino que tomar la senda. En esto radica la diferencia, los justos van por el camino oficial establecido por Dios y los malos siguen la senda opcional elegida por ellos. Las sendas evitan el camino para acortar las distancias y reducir el tiempo; los caminos someten con abnegación los obstáculos para conquistar los destinos. Las sendas son peligrosas, porque se recorren sin intención de transformarlas. Son usadas, no apreciadas. Los caminos son seguros porque cambian las condiciones eliminando las adversidades para crear nuevas vías. Las sendas, cuando la hierba crece, desaparecen; los caminos, a pesar de las inclemencias, siempre permanecen.

SÁLMICO 13

El ser humano piensa que debe recibir todo lo que necesita en el lugar que esté, sin excusas ni pretextos. Creemos que tenemos derecho a la atención constante e inmediata. Nada puede faltar ni tardarse, y si algo que nos desaliente sucede y se prolonga, nos desesperamos y deprimimos hasta el grado de la queja y el reproche. La realidad es que a menudo las dificultades superan las facilidades y lo que pensamos es algo seguro, se disipa delante de nuestra vista y se va por otros caminos.

Aun siendo muy consagrados, con una vida de oración ferviente y total entrega a la fe en Cristo, las oraciones pueden no ser respondidas inmediatamente, o al menos en un tiempo prudencial, y entonces toda la adversidad posible parece ensañarse de nosotros y de las circunstancias que nos rodean. En ese momento asoma a nuestros labios la perenne pregunta *¿Hasta cuándo, Jehová?*

La respuesta es: hasta que nos fortalezcamos y aprendamos lo suficiente para rebajar el orgullo y hacer coincidir las necesidades con la voluntad de Dios. Frecuentemente las peticiones que hacemos buscan satisfacer nuestras vanidades y no nuestras necesidades. La carta de Santiago a las doce tribus de Israel que estaban en la dispersión lo dice. *"Pedís, y no recibís, porque pedís mal, para gastar en vuestros deleites."* (Santiago 4:3) La raíz de la insatisfacción personal proviene del mal enfoque de las peticiones que hacemos. Dios no suple para veleidades carnales, el provee para verdades espirituales. Nuestras peticiones deben ubicarse en fortalecimiento de la fe, crecimiento ministerial, bendición de la Iglesia y asuntos relacionados con la expansión del evangelio. En cuanto a nosotros, Dios sabe lo que realmente necesitamos y recorriendo el camino de fe junto a él veremos su mano proveyéndonos decorosamente.

Primero el desespero, ahora la angustia: *¿Me olvidarás para siempre?*

Por supuesto que no. Dios nunca olvida al necesitado, más bien está fraguando un propósito mejor para él. La angustia es la fuente de los sentimientos sustitutivos para aliviar la carencia de afectos y el pensamiento de abandono prolongado trata de imitar estados de ánimo alternativos para suplantar el dolor.

Aunque no nos percatamos de estos procesos mentales, suceden y se manifiestan con reacciones depresivas ante la adversidad. El creyente debe confiar en Dios y persistir en el poder del Espíritu Santo como antídoto al desconsuelo, teniendo en cuenta que todo lo que sucede es la voluntad de Dios, y la voluntad de Dios es lo mejor que puede suceder. El estrés, al sentirlo como algo interior, pensamos que surge dentro de nosotros o que somos la causa que lo provoca. Pero no es así. El estrés es una influencia exterior que ejerce presión sobre nuestra fuerza interior. Cuando esa opresión externa oprime la energía interna ocurre un desbalance emocional que trae humanamente, desconfianza y desconsuelo y espiritualmente, duda y temor. Cuando esto sucede, tenemos que hacer el trabajo espiritual apropiado para no vivir aplastados y resurgir en la libertad con que Jesús nos libertó (Juan 8:36; Gálatas 5:1).

Continúa la tristeza con un lamento desgarrador *¿Hasta cuándo esconderás tu rostro de mí?*

Esta frase expresa la desesperación de David. Al igual que anteriormente había sentido que Jehová lo había olvidado, ahora sentía que se escondía de él. Pero lo que damos por cierto según los sentimientos no siempre es real acorde a los hechos. La verdad espiritual es que Dios estaba ahí, pero él no podía percatarse de ello porque su corazón estaba abrumado por los problemas humanos. David estaba ciego espiritualmente, ya que desde la carne no se percibe el Espíritu. Dios es omnipresente, lo que significa que está siempre presente en todos los lugares al mismo tiempo. El constantemente ha estado, está y estará con nosotros en todas las circunstancias, solo que, de diferentes maneras. El don del discernimiento de espíritus (1 Corintios 12:10) nos permitirá hallarlo en medio de las pruebas. La sensación de soledad no proviene de la ausencia de compañía, sino de la falta de esperanza. Nos sentimos solos cuando hemos agotados todos los recursos, porque mientras existan posibilidades no nos abrumará la sensación de abandono. La fe inconmovible es la que cubre los vacíos del desaliento. El total convencimiento de la acción, bendición y provisión de Dios no permitirá que el decaimiento espiritual quebrante nuestras convicciones. Vivamos por fe y la realidad cambiará.

El segundo versículo prosigue mostrando una faceta diferente de la desesperación, la frustración: *¿Hasta cuándo pondré consejos en mi alma, con tristezas en mi corazón cada día? ¿Hasta cuándo será enaltecido mi enemigo sobre mí?*

La primera consecuencia negativa de la frustración es considerar que todo lo que hemos hecho ha sido en vano, que no hemos obtenido ningún resultado a pesar de los esfuerzos realizados por tanto, no merece la pena seguir invirtiendo tiempo y energías en el proyecto, sin entender que los procesos espirituales son progresivos, no instantáneos. Las victorias en Dios son como las cosechas, que no se recogen el día que se siembran, sino que debemos dedicar tiempo a cuidar el cultivo y esperar los frutos. El error de David consistió en que, en su desesperación, angustia, tristeza y frustración, puso sus consejos en su alma y no recurrió a Jehová. Las soluciones no pueden ser halladas en la conciencia, pensamientos o decisiones personales, donde básicamente comienzan los problemas. Las percepciones individuales no deben ser utilizadas como punto de referencia en la solución de los conflictos. Solo en la palabra de Dios encontraremos las respuestas adecuadas para hallar la salida. Debido a este error de ubicación perceptiva, el corazón de David se llenó de tristeza, uno de los elementos principales del deterioro espiritual, drenando el deseo, la inspiración y la tenacidad. David estaba en crisis. A veces confiamos en Dios para que el haga las cosas, en lugar de nosotros hacer las cosas confiando en Dios. De esta inversión de los elementos de acción espiritual se derivan muchas de las frustraciones que nos entristecen.

Los enemigos que nos acechan no han sido enaltecidos por Dios sino que hemos cedido terreno ante ellos haciéndolos fuertes cuando somos débiles. David pensaba que como Dios lo había abandonado, tenía que resolver los problemas por sí mismo, entonces, al equivocarse en sus decisiones, los enemigos tomaron ventaja sobre él. Definitivamente David perdió la compostura y después se deshizo en lamentos. En general, los problemas que enfrentamos en nuestra relación con Dios y con los hombres se relacionan con el desenvolvimiento en tres áreas fundamentales del núcleo existencial humano: Dios, nosotros y el mundo. No estamos solos en la vida, por tanto, es muy importante la manera en que interactuamos con el ambiente espiritual, social y personal que nos rodea. La vida del creyente también incluye las dudas, temores e indecisiones comunes a todos los mortales. Recordemos que nuestro Señor Jesucristo también fue "varón de dolores" (Isaías 53:3). Todo lo que no proviene de Dios puede ser oposición y servir de confusión en cualquier aspecto o situación. Las persecuciones no son necesariamente amenazas de muerte, sino que pueden ser críticas mal intencionadas o rechazo debido a nuestra fe; las ataduras no significan que nos aten de manos y pies, sino que nos impidan predicar.

En nuestros días no debemos menospreciar al enemigo porque es muy inteligente y sutil disfrazándose de igualdad, libertad y progreso y acusando todo lo que se le opone como discriminación, opresión y retrógrado. Como dice la Biblia: "Sed sobrios, y velad; porque vuestro adversario el diablo, como león rugiente, anda alrededor buscando a quien devorar" (1 Pedro 5:8). Los tiempos han cambiado, y nosotros no somos David, pero el enemigo sigue siendo el mismo.

En el versículo tercero comienza la reacción espiritual de David, el despertar de la esperanza.

La primera respuesta del hombre ante las dificultades nace en la naturaleza pecaminosa innata que nos domina internamente. Después, cuando entendemos el error que hemos cometido y las adversidades que hemos creado, nos percatamos de que debemos recurrir a la valoración espiritual de la situación que enfrentamos, presentándosela a Dios, el único que tiene autoridad y poder para cambiar los destinos.

Eso exactamente hizo David cuando clamó con el alma desgarrada a Dios: *Mira, respóndeme, oh Jehová Dios mío.*

Mira y respóndeme expresa dos aspectos de un mismo clamor. *Mira* es lo contrario de ¿hasta cuándo esconderás tu rostro de mí? Esa sola palabra está clamando: Ten en cuenta mi existencia que está en peligro de llegar a su final. El señalamiento "*mira*" significa dirígeme por los caminos que debo seguir y también suplica, Dios, no me sueltes de tu mano, que sin ella perezco. Cuando Dios mira no es solo por curiosidad, él tiene un propósito específico que distinguir y diseñar, para crear una realidad de bendición y seguridad. La mirada de Dios abarca, incluye y posee la realidad universal para moldearla en el mejor de los intereses divinos y humanos. Solo necesitamos, para superar los inconvenientes de la vida, que sobre nuestros esfuerzos descanse la mirada de Dios.

La palabra "*respóndeme*" es la petición de otro método junto con una nueva oportunidad para poder llevarlo a cabo. Hay una diferencia entre tener una nueva oportunidad y tener una segunda oportunidad. La segunda oportunidad es el chance de repetir lo mismo para mejorar el resultado inicial, pero la nueva oportunidad es el chance de hacerlo todo diferente para que se cumpla la voluntad de Dios. En este versículo, respóndeme es sinónimo de arrepentimiento. David reconoce que ha hecho mal y necesita arrepentirse para enmendar su actitud.

Nosotros hoy tenemos la respuesta precisa para cambiar la conducta pecaminosa de nuestras vidas: demostrar que estamos dispuestos a transformar la manera de vivir por la fe en el sacrificio suficiente y eterno de Jesús en la cruz para recibir el perdón de nuestros pecados y comenzar en la nueva oportunidad que se nos otorga por gracia y misericordia divina para agradar a Dios en adelante. La sociedad moderna impone un ritmo de vida acelerado y azaroso donde todo cambia rápidamente y nunca sabemos lo próximo que va a suceder. Debido a esas circunstancias, debemos permanecer constantemente preguntando a Dios por soluciones y clamando ansiosamente ¡respóndeme, oh Jehová Dios mío!

Jehová es único, el Dios creador de todo cuanto existe, dueño de los destinos y voluntades, proveedor de verdades, suplidor de necesidades e inmenso salvador de la humanidad; ese es el incomparable Jehová. Las súplicas que piden ayuda solo encuentran respuestas cuando son dirigidas a él.

David había conocido la provisión protectora celestial anteriormente y no dudó en recurrir nuevamente a ella, consciente de que para Jehová nunca es demasiada molestia ni mucha la insistencia. Dios siempre está presto para intervenir a favor de sus hijos.

Alumbra mis ojos, para que no duerma de muerte;

Alumbra mis ojos es propiamente una oración intercesora por la vida. En la cercanía de la muerte el brillo y la claridad de la mirada se desvanece, por tanto, nueva luz proveniente de Dios para alumbrar nuestros ojos devuelve la vida, trae liberación y asegura la victoria. Hay una línea de conexión a través de la luz entre Dios, Jesús y nosotros. Dios es Luz (1 Juan 1:5), Jesús es la luz del mundo (Juan 8:12) y nosotros somos la luz en este mundo (Mateo 5:14). Dios es luz, Jesús trajo la luz y nosotros somos el reflejo de la luz.

La expresión *para que no duerma de muerte* implica que hay otra manera de dormir. Dormimos de muerte cuando nos conducimos siguiendo opiniones y criterios basados en el conocimiento humano y las costumbres sociales, pero podemos dormir de vida si buscamos la dirección del Espíritu Santo y obedecemos la voluntad de Dios. También, dormir de muerte significa vivir para morir. Este es el caso de aquellos que niegan la vida espiritual más allá de la vida natural y se entregan a los placeres para aprovechar el tiempo que piensan se les acabará en cualquier momento. Sus expectativas de vida terminan en una tumba oscura, fría y húmeda. Dormir de vida es vivir para seguir viviendo eternamente en la presencia de Dios porque creemos que existe una vida espiritual más allá de esta vida material que se alcanza obedeciendo por la fe en Jesucristo los mandamientos de Dios en la Biblia.

Para que no diga mi enemigo: lo vencí. Mis enemigos se alegrarían, si yo resbalara.

David era el rey ungido de Jehová, así que, en caso de ser vencido, sería una derrota para Jehová también. Eso nunca ha sucedido ni sucederá jamás, porque Dios es invencible, y la victoria nuestra depende de la adjudicación de esa invencibilidad divina a las circunstancias adversas de la vida. Siempre es importante ser reconocidos como representantes de Dios para que la victoria que Jesús alcanzó en la cruz se glorifique en nuestras luchas y contiendas. El enemigo de las almas es grotesco, feo y desagradable, pero aparenta ser bello, apetitoso, sensual y provocador para ejercer su atracción tentadora. Pero por encima de todo, el peor enemigo que podemos tener y del cual debemos cuidarnos constantemente es de nosotros mismos a causa de la concupiscencia de la carne (2 Pedro 2: 18) y los malos deseos que nacen del corazón (Marcos 7:21). Sí aprendemos a identificar las acechanzas del maligno empleando las herramientas del Espíritu Santo, podemos utilizar las tentaciones como señales de alerta que nos mantengan alejados del peligro. También es importante entender que el verdadero creyente en Cristo no tiene enemigos personales, sino opositores al Reino de Dios en la tierra.

"Porque no tenemos lucha contra sangre y carne, sino contra principados, contra potestades, contra los gobernadores de las tinieblas de este siglo, contra huestes espirituales de maldad en las regiones celestes" (Efesios 6:12).

Este salmo es una muestra elocuente de la trayectoria espiritual desde el fracaso hasta el júbilo de la victoria. Comienza con un clamor desgarrador de desconsuelo en medio de la prueba *¿Hasta cuándo?* Continúa sumiéndose en la tristeza y soledad del desamparo *¿Hasta cuándo será enaltecido mi enemigo sobre mí?* Ya sumido en una profunda depresión rememora las bendiciones pasadas y comienza a orar: *Mira, respóndeme, oh Jehová Dios mío*; Entonces comenzó a fluir en el alma la alegría de contar con la seguridad de las promesas, no por sus méritos, sino por la misericordia de Dios: *Mas yo en tu misericordia he confiado; mi corazón se alegrará en tu salvación.* La salvación de los peligros causa alegría, la liberación de la opresión provoca el Gozo de Dios. La misericordia se define como el favor merecido de Dios. Cuando hacemos un trabajo, al terminar vamos a cobrar el salario que nos merecemos. Si la persona que nos encargó el trabajo no nos paga, es alguien sin misericordia. Pero siempre que trabajemos para Dios, nunca dejaremos de recibir la retribución que merecemos, porque él es misericordioso. El que ora, como hizo David, siempre recibe respuesta.

El corazón es el depositario de las emociones y Dios lo utiliza para alegrar la vida de sus hijos con la gracia de la salvación. La gracia, que es la que provee la salvación, es el regalo inmerecido de Dios al hombre, porque ningún ser humano es digno de recibirla ya que todos somos pecadores. Únicamente nos puede ser adjudicada en Jesús, que es el facilitador de esa gracia en el derramamiento de su sangre preciosa y santa en la cruz del Calvario para el perdón de nuestros pecados.

Las más íntimas y universales formas de expresión de los sentimientos humanos son la música, el canto y la poesía. David dominaba las tres. *Cantaré a Jehová, porque me ha hecho bien.* Al cantar promulgamos nuestros pensamientos, sentimientos y estados de ánimo. El motivo de la música, el canto y la poesía de David no era un quebranto de amor, o un llanto luctuoso, o un canto de guerra; su canto anunciaba los hechos de Jehová, que le había hecho bien. Alabemos a Jehová por lo que ha hecho; adorémoslo por quien es, y exaltémoslo por todo el bien que ha hecho para nosotros.

SÁLMICO 15

La idea principal de la mentalidad religiosa del pueblo de Israel era que Dios habitaba en el tabernáculo y su poder operaba exclusivamente en relación con ellos. Para los israelitas, la composición de la sociedad se limitaba a dos grupos, el pueblo escogido, ellos, y los gentiles, los otros pueblos. Este concepto continuó vigente hasta que el apóstol Pablo expresó la igualdad social proporcionada por el sacrificio de Jesús: *Porque él es nuestra paz, que de ambos pueblos* (judíos [los escogidos] y gentiles [los separados]) *hizo uno, derribando la pared intermedia de separación* (Efesios 2:14).

Además, en esta época, los únicos que podían habitar en el templo eran los sacerdotes de la tribu de Leví, entonces ¿cómo alguien más podría habitar en el templo si no era sacerdote o descendiente de Leví?

Las preguntas *Jehová ¿quién habitará en tu tabernáculo? ¿Quién morará en tu monte santo?* no era un concepto literal de habitar en el templo. Eran una exhortación para transformar la idiosincrasia popular, el ritual religioso del templo y las costumbres de la nación en una adoración espiritual que permitiera vivir en cercana comunión con Dios. Habitar en el tabernáculo y morar en su santo monte son dos aspectos del mismo acto. El tabernáculo significa protección (Iglesia militante) y el monte santo representa comunión (Iglesia triunfante).

El tabernáculo se colocaba en medio del campamento para que la presencia de Jehová protegiera a todos por igual y que fuera visto desde cualquier ángulo para sentir su presencia.

Estas dos preguntas pueden resumirse en una: ¿Quién puede reunir los requisitos para acercarse a Dios? O "*Maestro bueno ¿qué haré para heredar la vida eterna?*" (Lucas 18:18). La respuesta es: solo Jesús tiene los méritos suficientes para estar en la presencia de Dios y a través de él nosotros podemos estar en la casa de Jehová disfrutando protección y comunión con Dios.

David, aunque no tenía conocimiento del ministerio de Jesús que habría de venir, por revelación del Espíritu aquí lo estaba anunciando.

Los israelitas tenían tres barreras fundamentales que les impedían acercarse a Dios: la ley, que los condenaba, los sacrificios, que no exoneraban y ellos mismos, que eran rebeldes.

La primera condición necesaria para solucionar un problema es identificarlo y reconocerlo para buscarle soluciones. Las dos preguntas del primer versículo muestran este primer paso y las respuestas comienzan a manifestarse en el segundo versículo: *El que anda en integridad y hace justicia, y habla verdad en su corazón.*

Integridad es la coherencia entre lo que hablamos y lo que hacemos, ya que la veracidad del ministerio depende del testimonio personal. Hay que practicar lo que se predica. Debemos demostrar que estamos convencidos de lo que enseñamos aplicándolo en la vida.

Hacer justicia no es aplicar nuestras opiniones basadas en las experiencias que hemos vivido, las cuales son relativas porque varían según las circunstancias, el momento y el lugar donde se produjeron. No piensan igual un niño, un joven o un adulto; no se comportan igual un asiático, un africano o un europeo, debido a que sus necesidades y realidad de vida, lugar y circunstancias no son las mismas.

La verdadera justicia es aplicar los mandamientos de Dios, que son absolutos y no varían según las circunstancias, el momento o el lugar. Lo que está escrito en la Palabra de Dios dice, significa y tiene el mismo sentido en todos los lugares y culturas, no cambia según las circunstancias ni se desvía con el transcurrir del tiempo. La justicia de Dios no se adapta para satisfacer demandas políticas, sociales o económicas, siempre permanece inconmovible y por tanto, es la más efectiva regla para evaluar el comportamiento espiritual del hombre.

Y habla verdad en su corazón: La justicia es algo que se efectúa desde nosotros hacia los demás (relación horizontal), pero la verdad del corazón trabaja desde el interior hacia Dios (relación vertical). Tenemos capacidad para aparentar lo que no somos delante de las personas, pero jamás lograremos esconder nuestras verdaderas intenciones, pensamientos y actitudes frente al Dios que escudriña los corazones. Nuestra actitud personal íntima delante de Dios es más importante que nuestro comportamiento público, porque lo que hagamos socialmente puede estar equivocado o ser mal interpretado, pero Dios siempre valorará justamente nuestra actitud sincera hacia él. Los tiempos privados de oración deben ser honestos y reflejar los verdaderos sentimientos que motivan nuestros actos. Un corazón que habla verdad es un corazón regenerado.

El que no calumnia con su lengua, ni hace mal a su prójimo, ni admite reproche alguno contra su vecino. La principal característica que debe tener un creyente en Cristo es la discreción. Esta debe determinar el tema, la extensión y calidad de las conversaciones en que participemos, porque lo que digamos tiene repercusión permanente en los sentimientos del oyente y de la persona aludida. Debemos ser cuidadosos en las actitudes que elogiamos en nuestros comentarios para no incitar comportamientos inadecuados. La calumnia no es siempre mentir deliberadamente contra alguien para perjudicarlo, sino desvirtuar el sentido de los hechos para desviar la percepción sobre el mismo de lo positivo a lo negativo. Un ejemplo es cuando una persona ayuda económicamente a un necesitado y los mal intencionados dicen que no lo hizo por bondad o misericordia, sino por orgullo y vanidad, para mostrar su dinero. La calumnia no solo destruye la imagen y moral de las personas, también trata de opacar los buenos resultados creando frustración que destruye las buenas intenciones. Calumniar es perversidad, por eso un cristiano no debe practicarla para *no hacer mal a su prójimo*, porque hacer daño a una persona es hacerle daño a Dios también. El más constante de nuestros sentimientos debe ser servir de ayuda y bendición. Las bondades del reino de los cielos deben abundar en la tierra a través de nuestras acciones piadosas y caritativas hacia aquellos que están dentro de nuestro círculo de influencia. El carácter cristiano debe ser moldeado por las nueve características del fruto del Espíritu (Gálatas 5:22,23) que son las cualidades que Jesucristo nos enseñó durante su ministerio terrenal. Este carácter especial nos coloca en una posición de comprensión de las realidades espirituales capaz de hacernos ver detrás de toda acción que sucede al que realmente las provoca, el diablo, para que podamos actuar y responder contra quien realmente comete el daño y así *no admitir reproches* y acusaciones contra el prójimo inocente.

Visión espiritual no es adivinar el futuro, sino entender las influencias espirituales que se mueven detrás de la realidad. Aquel a cuyos ojos el vil es menospreciado, pero honra a los que temen a Jehová. El que aun jurando en daño suyo, no por eso cambia.

La única forma de saber lo que está mal es conocer lo que está bien. El proceso subconsciente de comparación de los elementos que integran el medio circundante comenzó cuando Adán y Eva comieron del fruto del árbol de la ciencia del bien y del mal, para, además de conocer el bien, comenzar a conocer el mal. A partir de este momento las cosas dejaron de ser valoradas equivalentemente y empezaron a ser apreciadas diferentemente en: grandes y chicas; feas y bonitas; útiles e inútiles; buenas y malas. Este patrón de pensamiento, como defecto innato en la naturaleza humana, analiza comparativamente toda la información recibida para clasificarla en las tres categorías posibles conocidas: bueno, regular o malo. Esta capacidad de interpretar las apariencias, acontecimientos y comportamientos utilizando conceptos y principios preestablecidos, cuando son sometidos bajo preceptos bíblicos, nos permite detectar los sentimientos humanos que no manifiestan la naturaleza del amor de Dios. El rechazo de estas manifestaciones no es movido por el odio deliberado a la persona, sino como rechazo a las manifestaciones malvadas y perjudiciales que dañan al prójimo. Los que deseen agradar a Dios deben perdonar al malo, pero rechazar la maldad. Obviamente, los que rechazan el mal aman el bien, por tanto, honran a los que temen a Jehová. Sabemos que las circunstancias y condiciones cambian con el tiempo, las personas y las situaciones. Debido a esto,

Este salmo es una enseñanza para encontrar el camino al cielo, exhortándonos a alcanzar ese propósito andando en santidad y honestidad. La injusticia, el engaño, la difamación y el egoísmo nunca deben ser parte de nuestra manera de tratar con el prójimo.

SÁLMICO 16

Versículo 1: La mayor manifestación de la fe es la entrega confiada. La existencia humana, analizada desde un punto de vista antagonista, es un enfrentamiento de los opuestos. Vivir es desafiar la muerte; subir es vencer la resistencia de la ley de gravedad que nos atrae hacia abajo; el amor que une se opone al odio que separa; ir hacia el norte es lo contrario de ir hacia el sur y diferente de ir hacia el este o el oeste. Cualquier decisión que tomemos siempre será una oposición a la posibilidad contraria. La dependencia de Dios es directamente proporcional a la necesidad que nos agobie.

David se encontraba presionado por una situación de crisis y tenía que tomar medidas urgentes para resolverla. Una amplia posibilidad de acciones se presentaba delante de él: huir y abandonarlo todo; rendirse y perderlo todo; defenderse por sí mismo dependiendo de sus fuerzas o entregarse al destino resignado a soportar cualquier cosa que sucediera. Pero David tenía un último recurso que confrontaba a todos los demás, recurrir a Jehová de los ejércitos, vencedor en batallas. Los que han tenido revelación de la existencia de Dios saben dónde clamar. David decidió poner su vida en el propósito de Jehová siguiendo el patrón de pensamiento espiritual de fe: si confío mi defensa, seguridad y victoria en las manos poderosas de mi redentor, el me guardará y me librará de todo mal. La decisión de ir en contra de todas las opciones humanas para depender del poder de Dios es la más segura que podamos tomar. *Guárdame, oh Dios, porque en ti he confiado* es un clamor de misericordia a Dios y un grito de guerra para el enemigo. Esta es una expresión de doble efecto: si confiamos en Dios, él nos guarda y si él nos guarda, podemos estar confiados. El mundo está regido por fuerzas espirituales divinas que controlan las acciones humanas. Si clamamos con fervor a esas fuerzas superiores, ellas harán que los hechos humanos sucedan para nuestro bienestar. En el momento que presentemos nuestro clamor delante de Jesús como un ruego, la protección que nos ofrecerá Dios tendrá dimensión de salvación eterna.

Versículo 2: El lugar perfecto para proclamar que Jehová es Dios, es en el alma y el enfoque correcto para manifestar la majestuosidad divina comienza en los elementos que la conforman: la voluntad, la inteligencia y los sentimientos. La voluntad controla las decisiones dentro de las reglas establecidas, la inteligencia aporta las condiciones apropiadas acorde a las circunstancias y los sentimientos equilibran la manifestación de los resultados.

Todo aquel que confiese sus pecados, peligros y esperanzas reconoce primero su culpa, segundo sus temores y tercero sus propósitos. Depositar pasado, presente y futuro en las manos de Dios es convertirlo en complemento perfecto para las realizaciones que pretendemos alcanzar en la vida. Existen dos ámbitos espirituales: el de la sociedad, donde todo es malo y va para peor, y el de Dios, donde todo es bueno y continúa para mejor. La posición donde coloquemos nuestros anhelos, esperanzas y actos determinaran los resultados. Elegir el lugar adecuado no depende de raciocinio, sino de fe. Según la lógica, lo correcto es ocuparnos de nosotros, pues Dios no se ve. Según la fe, debemos buscar a Dios porque es galardonador de aquellos que lo buscan convencidos de que él existe. Las declaraciones del alma no son para ser escuchadas por oídos humanos, sino por la sensibilidad divina.

El grito certero *Tú eres mi Señor*, irrumpe en la misericordia celestial como un sello de aceptación y entrega que mueve las corrientes espirituales, trayendo hacia nosotros el flujo de la paz que derrota todas las inseguridades. Nuestro deseo debe ser para Dios, que todo se centre en su provisión. Fuera de él nada es conveniente. La fuente suprema de bendición es Dios.

Versículo 3: Santo es el antónimo de pecado. Antes de la desobediencia de Adán y Eva, como no había entrado el pecado en la humanidad, la idea de santo no se conocía como lo entendemos hoy porque la raza humana estaba pura. Después de la caída, el pecado apareció y se hizo necesaria la conceptualización de la santidad como recurso espiritual para revertir el proceso pecaminoso en el hombre. De ahí que la palabra santo tenga el significado de consagrado o apartado para Dios. La oportunidad de ser santos es en la tierra para poder llegar a ser almas glorificadas en el cielo. Contrariamente a lo que comúnmente se piensa, los santos no son los que están en los altares, sino los que caminan por el mundo predicando el evangelio con tesón y denuedo. Esos son los íntegros, aquellos que enseñan con ejemplo y testimonio, los que se entregan a Dios viviendo la fe de Jesús. La integridad es construir un núcleo indisoluble con la palabra y la acción que definan nuestra personalidad. Para estos es toda la complacencia divina.

Cuando complacemos a Dios disfrutamos de su favor, gracia y misericordia y no hay mayor bienaventuranza que recibir la retribución de la satisfacción de Dios. A veces, aunque nos sintamos bien porque nos ha favorecido la vida, puede que estemos mal porque le hemos dado la espalda a Dios. Las intenciones y direcciones de las acciones juegan un papel importante en las posiciones que alcancemos en la apreciación espiritual que recibamos de parte de Dios. En muchas ocasiones nos preguntamos por qué lo que hemos hecho salió mal si lo hicimos bien. Bueno, lo que sucedió es que obtuvimos el resultado de un proceso incorrectamente diseñado. Quizás la intención, la dirección, o la frecuencia de acción no concordaban con los planes de Dios. Es muy importante actuar en el fluir de la voluntad y propósitos divinos ya que nada sucede si primero no es aprobado en el trono celestial.

Versículo 4: En la época que vivimos la ciencia ha encontrado una explicación para todos los fenómenos que se manifiestan en la naturaleza: la atmósfera, el mar, la tierra y en todo el ámbito conocido, pero no ha podido encontrar explicación para los milagros. En los tiempos bíblicos, cuando los efectos sobrenaturales ocurrían, las comunidades humanas recurrían a erigir símbolos de objetos y animales para suplicarle protección de las inclemencias y consecuencias de lo que pudiera suceder o estuviera sucediendo. Básicamente, el desconocimiento y desprotección ante lo desconocido de las primeras sociedades humanas propició el origen de la idolatría. Pero Satanás el diablo la ha incluido en sus estrategias para separar a la humanidad de Dios, proponiendo otros prototipos cómodos y fáciles de seguir para desviarnos del único y verdadero Dios, Jehová de los ejércitos. La idolatría lleva a la dolorosa separación de Jehová, causando la mayor tristeza que puede aquejar el alma. Servir a los ídolos es cavar la tumba del espíritu donde serán enterradas las esperanzas de salvación. Aun mencionar sus nombres enturbia la pureza de la santidad. La única libación de sangre que acepta Dios es la que derramó Jesús en la cruz. Los dolores físicos se alivian con medicinas y tratamientos, pero el dolor espiritual solo lo alivia la presencia del Espíritu Santo en nuestra vida.

Versículo 5: La recompensa de los que eligen a Jehová como defensor y protector es enorme y fructífera. Nuestra parcela es el terreno fértil para que crezca la semilla esparcida por el sembrador, la tierra prometida donde fluye leche y miel y la

Iglesia bendecida donde se derrama el poder de Dios. Nuestra herencia es la presencia de Dios, el sacrificio salvador de Jesús y la ministración del Espíritu Santo. La copa es la sangre preciosa, santa y divina de Jesús que se derramó en la cruz para nuestra redención y perdón de los pecados. No hay nada más hermoso y próspero que la heredad que nos ha dado Jehová, en ella debemos deleitarnos y alabarlo por su provisión de confianza y seguridad. La satisfacción que experimentamos gracias a la protección de Dios debe manifestarse con gozo y regocijo. ¡Que se contagie el mundo con la euforia de la pertenencia a cosas supremas que nos engrandecen y perfeccionan como personas! La sublimidad de Dios no debe pasar inadvertida delante de los ojos del mundo.

Versículo 7: La relación que une conciencia y consejo es análisis y decisión. La conciencia, basada en su código de valores, procesa la información de los hechos para contabilizar los resultados y evaluarlos adecuadamente. Cuando este proceso es monitoreado siguiendo los principios establecidos por Dios en la Biblia, sucede una confirmación que hace crecer el carácter, el alcance y el fruto del propósito requerido.

Un detalle notorio de la insuperable sabiduría de Dios es que está al alcance de todos gracias a su claridad expresiva y sencillez comprensiva. El lenguaje de Dios no es científico, sino espiritual, por tanto, no es un asunto de inteligencia, sino de búsqueda y consagración. La escuela de Dios es el único camino. No conocemos por qué, pero sí sabemos cómo. El secreto es no preguntar, solo actuar.

Versículo 8: Siempre que pongamos a Jehová delante él nos guiará por buenos caminos y será el mejor escudo protector con que podamos contar en la batalla. Lo que enarbolemos en la vanguardia es bandera y estandarte, afirmación de lo que somos y a donde vamos. Es aquello que nos define y anuncia lo que buscamos y en qué lugar pretendemos encontrarlo. Cuando Dios va en la proa de la nave divide las aguas para abrir rutas hacia nuevos destinos y protege nuestros flancos para que los dardos de fuego del enemigo no traspasen la armadura espiritual que nos cubre. La diestra es la mano fuerte en la cual confiamos y le entregamos las tareas más duras, porque es brazo de poder y nada lo detiene. Si nos refugiamos en Jesús, nos rodearán las armas del Espíritu Santo que frustran los ataques del enemigo. Si Dios está al frente y a nuestra diestra, nada nos puede apartar de la senda luminosa que lleva al cielo.

Versículo 9: La inmensa satisfacción que inunda la vida del creyente al ver la mano de Dios obrando prodigios para nuestro los acechaban para alcanzar una paz social que les permitiera practicar sus ritos espirituales sin dificultades. Cuando David dice: "Se alegró por tanto mi corazón, y se gozó mi alma; mi carne también reposará confiadamente; porque no dejaras mi alma en el Seol, ni permitirás que tu santo vea corrupción" (V 9, 10), la resurrección de Jesús comienza a ser anunciada por el espíritu de revelación, declarando que nuestra vida no permanecerá eternamente en la muerte, sino que una vida esplendorosa nos espera en la presencia del Padre, otorgando de una vez por todas el reposo espiritual eterno a los que depositen toda su confianza en él por medio de la fe en Jesucristo. En la tradición judía el Seol (Hades en el Nuevo Testamento) era el lugar donde iban los muertos pero conservando un estado espiritual consciente, porque, aunque ellos creían que había una vida más allá de la vida natural, no habían recibido el concepto de vida resucitada en la presencia de Dios que reveló Jesús mucho tiempo después durante su ministerio terrenal. El Seol se dividía en dos partes: el lugar de tormento, donde los que morían en injusticia recibían su castigo y el seno de Abraham, donde los que habían muerto en la justicia de la ley disfrutaban su recompensa (Lucas 16:19-26). Aquí fue a donde descendió Jesús mientras estuvo en la tumba antes de resucitar, para presentarse como el Mesías ante los que esperaban en Dios por el día de la redención (Efesios 4:8-10; 1 Pedro 3:18-20) y predicarles el evangelio de la salvación, para que pudieran ser trasladados al cielo junto con él, el día de la resurrección. El reposo de Dios que no se logró en Canaán, se cumple en Jesús porque él es superior a Moisés, a Josué, a David y a todos y todo, siendo el apóstol y sumo sacerdote de nuestra profesión (Hebreos 3:1) y el gran sumo sacerdote que traspasó los cielos (Hebreos 4:14).

Versículo 11: El método más efectivo para ver en la tierra es mirar al cielo. El ser humano, a pesar de que lo mira todo no ve nada, porque la verdadera realidad no es la que percibimos, sino las fuerzas que la provocan. Mirar es el acto de ver, mostrar es el acto de recibir la visión. Cuando Dios nos muestra como deslindar la realidad física de la realidad espiritual comienza la revelación de la senda que lleva a la vida eterna. Jehová no nos da la vida para que recorramos la senda, él nos muestra la senda para que alcancemos la vida. Esta senda se transita cumpliendo con los requisitos de la manera de vivir del creyente que únicamente se alcanzan guiados por el Espíritu Santo. Existimos en una vida que abarca varias facetas de comportamiento, los cuales, avanzando por la senda de la vida mostrada por Dios, se convierten en las definiciones de expresión del carácter cristiano. Los principales aspectos en la proyección de la personalidad de un seguidor de Cristo deben ser el arrepentimiento, la consagración, la fidelidad, la santidad y el testimonio. El arrepentimiento se manifiesta en el cambio de actitud, cuando comenzamos a negarnos al pecado; la consagración la vemos en el cambio de actividades, cuando cambiamos los intereses; la fidelidad se hace notoria en el enfoque, cuando seguimos nuevos patrones de conducta; la santidad se demuestra en el carácter al parecernos cada día más a Cristo y el testimonio es el desarrollo de la obra de Dios en las relaciones personales.

La presencia de Dios es el contacto que establecemos con él por la interacción entre nuestra sensibilidad espiritual y la influencia del Espíritu Santo. Esta comunión produce un efecto de unción que contagia todo lo que nos rodea y satura el entorno por medio de la ministración. La unción es lo que Dios hace sentir a los demás usándonos a nosotros. La presencia de Dios es una posesión que nos pertenece por derecho de fe y satisface todas las necesidades del alma con inigualable gozo, donde podemos descansar confiados y seguros. En su presencia pertenecemos y participamos de él.

La ubicación de nuestras relaciones determina el objetivo que seguimos, la dirección que tomamos y los resultados que obtengamos. Coordinar la fe con los postulados bíblicos asegura plenitud de gozo, manifestando el alcance y significado que tiene el privilegio de sentir la presencia de Dios alimentando nuestro espíritu para unirnos estrechamente con él. Gozo es el regocijo espiritual íntimo por el sacrificio que Dios nos ha permitido hacer en su obra. El gozo no es placer, sino compromiso y entrega, debido a que Dios siempre nos bendice pensando en proveer a alguien más con lo que nos entrega. El egoísmo detiene la provisión de Dios, mientras que el altruismo acelera el flujo del Espíritu Santo para suplir las necesidades que podamos confrontar. El deleite sobrepasa todas las medidas de la satisfacción, sumergiéndonos en un estado de paz y felicidad que exclusivamente Dios es capaz de dar cuando sentimos la seguridad proporcionada por confiarle a él todas nuestras vicisitudes. No existe nada más emocionante que descansar en Jehová. Pero las verdaderas delicias las disfrutaremos eternamente a la diestra de Dios, de donde nadie nos podrá separar, porque Jesucristo nos ha colocado allí por medio de la fe, consagración y santificación.

SÁLMICO 20

Vivir tratando de alcanzar la paz de Dios es la misión más conflictiva que podamos emprender. Esto sucede no por causa nuestra o de Dios, sino por la oposición de las fuerzas malignas que utilizan todos los medios posibles para obstaculizar los planes divinos. De esta manera, podemos decir que la vida espiritual del creyente está bajo permanente ataque de Satanás. La obra del Señor siempre es difícil, pero Dios lo hace fácil. Si un negociante abre un bar, desde el primer día se llena; si un pastor comienza una obra, demora en formar una congregación y en muchas ocasiones no lo logra, pero la satisfacción de predicar el evangelio de Jesucristo supera con creces todas las dificultades y fracasos. En los días de nuestras penas y tristezas, cuando las traiciones nos hieran, cuando seamos víctimas de las injusticias humanas, roguemos a Jehová que escuche nuestra súplica y responda con justo juicio sobre nuestra causa, declarando siempre con fe que lo mejor está por venir.

No hay queja que Dios no oiga ni lamento que no atienda. El ciego Bartimeo clamó a Jesús con fe: "¡Hijo de David, ten misericordia de mí!, desafiando a los que lo reprendían para que así no hiciera. El Señor lo escuchó y se detuvo llamándolo ¿qué quieres que te haga? Y Bartimeo, arrojando su capa, que era todo lo que poseía, vino a Jesús y le dijo: Maestro, que recobre la vista. Y él le respondió: tu fe te ha salvado. Instantáneamente recibió la vista y seguía a Jesús en el camino" (Marcos 10:46-52).

Bartimeo tenía una vida de conflicto. Ser ciego en los tiempos bíblicos era mucho peor de lo que podemos imaginar hoy. Él estaba obligado a vivir en las calles mendigando, donde nadie lo ayudaba debido a que significaba una carga al estar imposibilitado de trabajar, era menospreciado porque los defectos físicos se consideraban castigo de Dios por el pecado y por tanto estaba obligado a permanecer a la orilla del camino para no estorbar o contaminar a los transeúntes que pasaban por allí. Pero Jesús llegó y Bartimeo clamó a él con la palabra mágica que mueve la compasión de Dios ¡ten misericordia de mí! Dios le escuchó, le respondió y lo sanó.

Nosotros enfrentamos hoy, mañana y siempre multitud de conflictos. Somos criticados y desdeñados, como personas y como creyentes, pero en medio de la tribulación debemos entender que Jesús está constantemente en disposición de escuchar, responder, y solucionar nuestros conflictos, solo tenemos que clamar: ¡ten misericordia de mí! Jehová escuchará el llanto desgarrador del alma y verterá todo su consuelo y alivio sobre nosotros con amor inigualable. Confía en Dios y él hará.

El nombre de Dios no es solamente cuatro letras formando una palabra, sino acciones creando poder. El nombre de Dios es sobre todo nombre y genera unción espiritual que todo lo hace posible.

En los tiempos bíblicos, debido a la escasez de léxico de los idiomas antiguos, los nombres no eran una palabra única para identificar algo o alguien, como lo es modernamente, sino que eran palabras que expresaban una idea que conformaba una frase describiendo un acontecimiento. Por ejemplo Caín significa por voluntad de Jehová he adquirido varón (Génesis 4:1) o Jabes que quiere decir por cuanto lo di a luz en dolor (1 Crónicas 4: 9). En el caso de Jehová, los israelitas evitaban mencionar su nombre propio y tenían varias palabras que expresaban un concepto más amplio para referirse a él. Algunas de estas formas son: *Yahweh-Jired*, el Señor proveerá; *Yahweh-Rapha*, el Señor que sana; *Yahweh-Nisi*, el Señor es mi bandera; *Yahweh-Shalom*, el Señor es nuestra paz; *Yahweh-Elohim*, el Señor es Dios. El nombre personal de Dios es *Yahweh*, que significa categóricamente Yo Soy el que Soy, y su apellido es *Elohim*, que quiere decir Dios.

Durante estas épocas antiguas, los nombres expresaban el origen y cometido de cada cosa, lugar o persona.

La indicación del versículo *que el nombre del Dios de Jacob te defienda*, es la petición y declaración de que Yo soy el que soy, Dios, con todo conocimiento, derecho y autoridad, estoy escuchando tu ruego en la hora de conflicto para intervenir e imponer el plan que desde siempre estuvo estipulado para este momento.

Yo soy el que soy, Dios de los tiempos, la historia y el futuro, pelearé por ti y te defenderé ante todos tus enemigos para que se cumpla mi voluntad en medio de los hombres para testimonio de mi poder. La mención del patriarca Jacob es un recordatorio de las obras de protección que hizo Jehová con él durante toda su peregrinación en la tierra, salvándolo de enemigos, persecuciones, guerras, hambrunas y de que ese mismo poder salvador y misericordioso va a estar para siempre con sus hijos.

Dios sigue defendiendo a su pueblo hasta el día de hoy y lo hará hasta que regrese nuevamente a levantar a su Iglesia.

El segundo versículo dice: *Te envíe ayuda desde el santuario, y desde Sion te sostenga.*

Estos son los dos lugares santos desde donde llega la ayuda para vencer las pruebas y tribulaciones. El santuario es el trono celestial donde está Jesús sentado intercediendo por nosotros y Sion es la Iglesia donde se elevan las oraciones pidiendo protección. La primera y fundamental ayuda desciende del cielo junto con el poder del Espíritu Santo y la segunda nos alcanza como resultado del compromiso y profundidad de la adoración en la Iglesia aquí en la tierra. El envío de la ayuda se une a nosotros en el caminar con Dios, y lo que Dios envía, nadie lo puede detener. En Jehová no hay dudas para sostenernos, por tanto, en nosotros no debe haber dudas de su protección, porque él es en sí mismo la provisión de todas las cosas.

El versículo tres señala la realidad de que hay sacrificios que Dios no acepta, porque no cumplen con sus reglas o no son ofrecidos por fe, sino por obligación y costumbre.

La fe tiene un rol principal en todo lo que hagamos para Dios. En referencia a los sacrificios y ofrendas vale más lo que creemos, que lo que hacemos. Debemos recordar que sin fe, es imposible agradar a Dios (Hebreos 11:6). Con respecto a esto, lo que Jehová recuerda y bendice es la disposición espiritual con que lo hacemos y no la cantidad o calidad de lo que entreguemos en el altar. El creyente actual puede reconocer que sus sacrificios han sido recibidos y aceptados al experimentar la presencia poderosa del Espíritu Santo que lo llena con deseos de servir, adorar y alabar al supremo creador. Démosle a nuestro maravilloso Dios la satisfacción de vernos llevar a su trono el mejor de los sacrificios y ofrendas, nuestra vida en obediencia y santidad. Adorémoslo con fervor que él se lo merece.

El versículo cuatro muestra que dar es una actitud intrínseca de la naturaleza de Dios.

En la divinidad encontramos que su mayor dedicación es adecuar los tesoros celestiales con nuestras necesidades terrenales. Todo lo que poseemos ha sido proveído por ella. Pero el dar de Dios depende del deseo del corazón. "Pedís, y no recibís, porque pedís mal, para gastar en vuestros deleites." (Santiago 4:3:)

La oración tiene que enfocarse en el alcance de propósitos espirituales del Reino de Dios, la Iglesia y el fortalecimiento de la fe en el creyente. Nunca debe perseguir lograr ventajas, riquezas o beneficios sociales, políticos o económicos individuales. Dios es para todos, no solo para algunos, no debemos ser murallas que contengan la bendición, tenemos que ser canales por donde corra libremente el fluir del Espíritu. De él recibiremos lo necesario cuando el deseo de nuestro corazón concuerde con su voluntad. Es cuestión de sintonía y comunicación espiritual. El apóstol Pablo escribió: "El Espíritu mismo da testimonio a nuestro espíritu, de que somos hijos de Dios" (Romanos 8:16), "Y de igual manera el Espíritu nos ayuda en nuestra debilidad; pues que hemos de pedir como conviene, no lo sabemos, pero el Espíritu mismo intercede por nosotros con gemidos indecibles." (Romanos 8:26)

La palabra de Dios es la mejor consejera que podamos consultar, el que se guíe por ella jamás tropezará. Los consejos bíblicos son los únicos que serán cumplidos en la determinación divina de hacer su obra por medio del esfuerzo de sus hijos. Si no es parte del plan jamás sucederá, debido a eso, debemos buscar siempre hacer lo que la Biblia manifiesta. Aplicar los buenos consejos de Dios es señal de madurez espiritual. Nuestro Señor Jesucristo lo declaró de esta manera: "Yo te he glorificado en la tierra; he acabado la obra que me diste que hiciese" (Juan 17:5) y el apóstol Pablo también: "He peleado la buena batalla, he acabado la carrera, he guardado la fe" (2 Timoteo 4:7). Hay premios supremos de victorias cuando los consejos de Dios se cumplen en nuestros consejos personales.

El quinto versículo habla de alegrarse en la salvación, exaltar el nombre de Dios por las victorias y que Dios conceda nuestras peticiones.

Las alegrías proporcionadas por las satisfacciones humanas son un estado emocional eufórico de placer sin medida que termina cuando los estímulos externos que la causan dejan de influenciar nuestro sistema sensorial. Las emociones personales, con el transcurrir del tiempo se desvanecen, porque todo lo relativo a la humanidad es temporal, no permanece. Los estados de ánimo son inconstantes, los sentimientos variables y la respuesta emotiva depende de lo que sucede alrededor de los individuos relacionados con el ambiente al que están expuestos socialmente. Otro aspecto para considerar es que la alegría a menudo es causada por motivos incorrectos, por tanto, estar alegres no implica necesariamente estar en lo conveniente o provechoso. La alegría mal fundada es dañina.

Por el contrario, alegrarse en la salvación proyecta los sentimientos en una dimensión emocional interna que alimenta el espíritu en la plenitud del gozo de someter lo natural a lo sobrenatural. Esta alegría es el resultado de la victoria del Espíritu Santo sobre el pecado que nos agobia y no se expresa con aplausos, risas, bailes o fiestas, sino con entrega, consagración, obediencia y santidad en las actividades que realizamos, reflejando el gozo que nos invade debido a la seguridad de que Dios está involucrado en nuestros asuntos.

Ser salvo no es emoción o autosugestión, sino una reacción consciente a la presencia de una realidad espiritual nueva que nos inunda con perspectivas de vida superiores a las que teníamos anteriormente. La salvación es el alivio de saber que vas por el camino correcto hacia el mejor destino para el alma humana, la presencia de Dios. Entonces entonaremos un canto de gozo que elevará la victoria de Dios sobre el pecado delante de los hombres. Seremos el ejército, la fortaleza y el refugio del altísimo enarbolando la Palabra de Dios como el arma de nuestra redención. Jehová, excelso y sublime, en la bondad de su misericordia, concederá todas nuestras peticiones.

Los ungidos de Jehová están en buenas manos y su salvación es segura. El primer ungido es el pueblo de Israel, que recibió la ley, las profecías y las promesas; el segundo ungido es Jesús que satisfizo todos los requisitos de la ley, cumplió las profecías y aseguró las promesas para los ungidos actuales que somos los que adoramos a Jehová de los ejércitos en Espíritu y verdad. La salvación desciende de los cielos porque Dios escucha los gemidos de su pueblo en la tierra. En la perfección de su santidad, el socorro necesario siempre está disponible para derramarse abundantemente en victorias y bendiciones en el cumplimiento de sus promesas. *Con potencia salvadora.* La salvación es la energía que produce el cambio de naturaleza que nos ubica en la nueva posición espiritual "para los que no andan conforme a la carne, sino conforme al Espíritu" (Romanos 8:1). Termina señalando *de su diestra*, lo cual resalta la habilidad, precisión y perfección de tiempo, métodos y resultados. La diestra de Dios es la mano emancipadora que rompe las cadenas y libera a los oprimidos.

Confiar es una manera de depender en lo que suponemos responderá por nuestras necesidades o estará disponible cuando sea requerido. Los procesos, sistemas e individuos fuera de la protección divina, contabilizan sus fuerzas y posibilidades basados en los recursos a su alcance. Los gobiernos confían en sus ejércitos, los ejércitos en sus soldados y estos en su armamento.

Separados de Jehová no hay victoria completa aun ganando la batalla, porque vencer no es solamente derrotar el enemigo, sino alcanzar la paz y para eso, el enemigo debe rendirse ante la superioridad del poder de Dios. La confianza apartados de Dios es espera en incertidumbre, mas unidos a él la expectativa se convierte en fe, la cual es total seguridad de que sucederá acorde al plan divino revelado en la Biblia que estamos siguiendo. Debido a esto el creyente debe depositar sus ansiedades en la guía del Espíritu Santo para ser conducido al encuentro y relación con Jesús.

El historial de las batallas libradas en el poder de Dios construye una trayectoria de seguridad que se extiende delante de las nuevas dificultades anunciando las próximas victorias. El nombre de Jehová anuncia triunfo, paz y seguridad. Este es el concepto ideológico de fe que debe predominar en la vida espiritual y el ministerio cristiano: el nombre que es sobre todo nombre, Rey de reyes, Señor de señores, Príncipe de paz, Dios con nosotros, que estará a nuestro lado hasta el fin de los días, por tanto, el que persevere hasta el final, este será salvo.

Nuestro encuentro con Dios no es un punto único, sino una línea ininterrumpida de bendiciones. La Biblia nos enseña: "Acuérdate de Jehová tu Dios, porque él te da el poder para hacer las riquezas, a fin de confirmar su pacto que juró a tus padres, como en este día." (Deuteronomio 8:18:) Hacer memoria de Jehová es recordar el pacto hecho por medio de la sangre de Jesucristo para el perdón de los pecados de la humanidad que nos cubre y limpia de culpas para poder estar en la santísima y poderosa presencia del Padre celestial.

La gran dificultad de planificar el futuro siguiendo patrones de contabilidad y raciocinio humanos es que no dan resultado. La forma más segura que existe de fracasar es no escuchar la voz del Espíritu Santo. La coordinación de lo que hacemos con lo que Dios diseña es la única posibilidad de llevar a buen término nuestros proyectos; así que, los que seguimos sus consejos resistiremos todo ataque del enemigo con valentía y nada nos podrá derribar. Levantarnos no es difícil si nos apoyamos en Jesús y estar de pie no cansa si nos sostiene su poder.

El salmo termina de manera triunfante declarando: *Salva, Jehová; Que el Rey nos oiga en el día que lo invoquemos.*

Una de las características determinantes de la deidad es que nos revela el éxito antes de la contienda. Jehová le hizo saber a Abraham lo que haría con él antes de salir de Ur de los Caldeos, en Mesopotamia (Génesis 12:1-3). A Moisés le fue declarado que él libertaría al pueblo de Israel de la esclavitud en Egipto cuando se le apareció el ángel de Jehová en la zarza ardiente estando en el monte Horeb (Éxodo 3:2). Josué recibió la misión (Josué 1:2) y la anunciación de la victoria (Josué 1:5) antes cruzar el rio Jordán.

Si Dios nos encomienda una misión también envía el paquete de instrucciones de cómo desarrollarlas junto con la provisión para realizarlas. Dios no pretende hacernos quedar en ridículo, él nos convierte en más que vencedores. *Salva, Jehová,* no es un ruego desesperado en medio de la desolación de la derrota sino una orden de combate seguros del desenlace victorioso anunciado por Jehová de los ejércitos que el rey de los cielos oirá el día que lo invoquemos. El oído divino está atento al clamor de sus hijos, nada escapa a su atención y respuesta. Ante el grito de arrepentimiento del pecador la santidad salvadora de Dios acude en su socorro inmediato. A Dios sea toda la gloria, la honra y el honor.

SÁLMICO 23

Jehová es mi pastor, nada me faltará, no significa que lo tendremos todo, sino que podremos luchar por ello. No se refiere a posesión, sino a decisión. Todo lo que necesitamos lo procuraremos con las fuerzas del Señor, porque si Jehová nos pastorea jamás faltará un propósito que cumplir dentro de sus planes de óptimo desarrollo espiritual.

Ser pastoreado por Jehová es la experiencia más maravillosa que pueda vivir un ser humano. Él nos busca, nos encuentra y nos atiende directamente con todo amor, paciencia y consideración, conduciéndonos por caminos de redención. El que tiene a Dios, no necesita más nada.

Pero Jehová no hará las cosas por nosotros, nos enseñará el deber y la responsabilidad que tenemos en hacerlas. El pastor guía, capacita y comisiona los obreros para la mies. Este versículo personaliza el pastoreado divino, señalándolo como algo individual: Jehová, el Dios del universo, se ha dignado atenderme y sostenerme a mí personalmente. Jesús, el buen pastor (Juan 10:11), nos lleva sobre sus hombros como ovejas amadas, pero debemos adoptar actitud de oveja espiritual para recibir la protección del pastor celestial.

La posición con respecto a Dios es definitoria en cuanto a lo que recibiremos de él.

Este segundo versículo habla de dónde Jehová ha de ubicarnos.

Primero: *En lugares de delicados pastos,* los cuales de ninguna manera son débiles o frágiles, sino excelentes y exquisitos, donde habita la presencia del Espíritu preparando los alimentos de sus hijos con los mejores ingredientes para la salud espiritual; *me hará descansar*: el descanso que Dios nos tiene reservado no es inactividad, sino vida abundante en su presencia.

Segundo: *Junto a aguas de reposo me pastoreará.* Las aguas, aunque nunca están en descanso, proporcionan sensación de tranquilidad y su cercanía anuncia frescura y vitalidad. La vida es imposible sin agua, por eso Jesús es en sí mismo agua viva (Juan 7:38) que da vida. Las aguas no se repiten, se renuevan; así debemos renovarnos contantemente en el proceso de crecimiento como hombres y mujeres de fe.

El énfasis de este salmo está en la protección, provisión y seguridad que el pastor le provee a las ovejas y en el versículo tres habla de la necesidad de confortar el alma, donde se originan las características que definen al ser humano: inteligencia, voluntad y sentimientos. La inteligencia será confortada con sabiduría de lo alto; la voluntad será fortalecida con el poder del Espíritu Santo y los sentimientos serán regenerados en el nuevo nacimiento, transformándonos en nuevas criaturas. El alma confortada por Dios es una fortaleza inexpugnable. Confortar, además de restauración y consuelo es fortalecer para continuar, animar para perseverar e impulsar para avanzar.

Jehová bien pudo decidir comparar su pueblo con una manada de leones feroces, tigres agresivos o elefantes indetenibles, pero en su inmensa sabiduría lo comparó con ovejas indefensas. ¿Por qué? Aunque pueda parecer absurdo, no lo es. Las ovejas son animales con características peculiares que en su relación con el pastor muestran enseñanzas útiles para aquellos que quieren agradar a Dios. Ellas tienen un sentido de orientación y ubicación muy limitado causando que se pierdan con facilidad si se apartan solo una corta distancia del pastor y el rebaño, igual que nosotros. Este defecto también provoca que las ovejas no sepan dirigirse por sí mismas a los lugares donde hay pastos frescos y alimenticios para ellas, haciéndolas dependientes del pastor para su orientación y subsistencia, igual que nosotros. Ser ovejas del rebaño de Jehová significa depender totalmente del buen pastor (Juan 10: 11,14) manteniendo una comunión de cercanía y obediencia hacia él. Esa es la razón por la cual el versículo continúa afirmando: *me guiará por sendas de justicia por amor de su nombre.*

Una analogía espiritual sobre esta realidad la encontramos en el Nuevo Testamento cuando los discípulos preguntaron a nuestro Señor Jesús "¿Quién es el mayor en el reino de los cielos? llamó a un niño y les respondió: De cierto os digo, que si no os volvéis y os hacéis como niños, no entrareis en el reino de los cielos" (Mateo 18:1-5).

Hay una similitud en naturaleza entre un niño y una oveja, ambos son incapaces de ubicarse, alimentarse y sobrevivir por ellos mismos; las ovejas dependen del pastor, los niños dependen de sus padres. Si interrumpimos la dependencia de nuestro Pastor y Padre, perecemos.

Por sendas de justicia: esta guía del buen pastor son caminos escogidos y aprobados expresamente para nuestro consuelo, alivio y beneficio. *Por amor de su nombre*: para honrar su nombre, que es sobre todo nombre. Dios cuida de sus hijos porque somos su creación especial por conversión, convicción y consagración, revelando su carácter y mostrando su poder y los hijos debemos amar a Dios el Padre en señal de respeto, alabanza y adoración, debido a que él se encarga de nuestra seguridad, protección y guía.

De la confianza en el consuelo, abastecimiento y protección que están activados con el poder del Espíritu Santo que nos asiste nace un grito de victoria que evoca la salvación eterna: *Aunque ande en valle de sombra de muerte, no temeré mal alguno, porque tu estarás conmigo.* No importan las amenazas, los peligros, los ataques del enemigo, jamás el miedo tiene derecho a poseer o debilitar nuestra actitud espiritual de consagración y perseverancia en la fe de Jesucristo. Este versículo no supone la posibilidad de derrota o muerte, sino la seguridad de vida y victoria. "Antes, en todas estas cosas somos más que vencedores por medio de aquel que nos amó" (Romanos 8:37). La muerte física es un evento que todos los seres humanos experimentaremos algún día, pero la muerte espiritual es opcional. Los que rechazan a Jehová opinando que la muerte física es el final de todo, desconocen que les espera una eternidad atormentada fuera del reino de los cielos. Para los que asumen a Jehová como su pastor, la muerte física representa la liberación del cuerpo corrupto para entrar en la vida espiritual incorruptible de la Jerusalén celestial.

Las ovejas de Dios podemos enfrentar las batallas de la fe con valor y decisión, porque no tenemos nada que perder y sí mucho que ganar, debido a que el pastor está con nosotros. Cuando Jehová asiste a los sucesos, asegura el éxito. Los planes, estrategias y tácticas que pongamos en práctica únicamente alcanzan logros espirituales de bendición si implementan la voluntad divina. La confirmación de lo dicho anteriormente lo define la frase final del verso: *Tu vara y tu cayado me infundirán aliento.*

Cada oficio tiene sus herramientas específicas, diseñadas apropiadamente para cumplir las diferentes tareas relacionadas a sus funciones. Las herramientas del pastor de ovejas son la vara y el cayado. La vara es una estaca de madera, del tamaño de un sable o espada que se usaba atada a la cintura, en aquellos tiempos lo más probable era que se tratara de una rama de árbol fuerte y resistente, para defender el rebaño de los ataques de las fieras salvajes. El cayado era también una vara de madera, pero más larga y con una especie de "U" invertida que servía de gancho para guiar y mantener las ovejas unidas en el redil. Para nosotros, la vara representa el arma de combate, la Biblia, y el cayado es la obediencia y santidad que nos guía y mantiene unidos en la fe de Jesucristo.

Jehová, nuestro pastor, nos ha entregado las armas de su oficio para que continuemos la obra que él comenzó con Jesús, el buen pastor, que vino a salvar el rebaño del señor.

El quinto versículo enseña cinco cosas provenientes de Dios:

1) Provisión: *Aderezas mesa.*
2) Comunión: *Delante de mí.*
3) Protección: *En presencia de mis angustiadores.*
4) Poder: *Unges mi cabeza con aceite.*
5) Regocijo: *Mi copa está rebosando.*

Las victorias que Dios nos otorga se celebran por todo lo alto con abundancia (mesa), con unción (aceite) y con gozo (copa). No existe mejor anfitrión que Jehová. ÉL organiza la mayor de las fiestas. Como padre, procura el mejor alimento para sus hijos, como pastor busca el mejor pasto para sus ovejas y en su hijo Jesús nos provee el mejor de los regalos: el perdón de los pecados y la salvación.

Una celebración de tal magnitud cambia el sentido de la perspectiva humana desde un punto de vista terrenal a uno celestial. Realmente, somos mucho más que afortunados al ser ovejas del pastor divino porque disfrutamos infinita provisión, *nada me faltará*, libertad del miedo, *no temeré mal alguno* y una eternidad asegurada, *en la casa de Jehová moraré por largos días.*

La idiosincrasia social de los pueblos antiguos del medio oriente incluía la idea de que atender con esmero a los huéspedes y extranjeros traía bendición (Deuteronomio 10:19; Hebreos 13:2). Por eso, el mostrar y tener una actitud de acogida y bienvenida hacia los necesitados desborda de bendiciones nuestra vida. El secreto de tener es dar, ser canal de bendición. Todos los que actúen de esta manera verán las bondades de Dios prometidas en el versículo seis inundar su realidad: *Ciertamente el bien y la misericordia me seguirán todos los días de mi vida, y en la casa de Jehová moraré por largos días.*

La palabra *Ciertamente* declara que la verdad, el amén y la voluntad de Dios están comprometidas con nosotros. Nuestro bienestar sin lugar a duda descenderá del cielo.

El bien se diferencia de la misericordia en que el bien nace en la voluntad y la misericordia es motivada por el amor. El bien se ocupa del cuerpo, la misericordia del espíritu.

Esto perdurará *todos los días de mi vida*. Mientras transcurra nuestra vida, esta promesa debe ser la valoración espiritual en tiempo real que sostenga la fe y el convencimiento de que la asistencia del Pastor está asegurada. Y no tan solo en esta parte del cielo, sino también en la eternidad: *Y en la casa de Jehová moraré por largos días.*

El vínculo indisoluble de fidelidad entre la oveja descarriada devuelta al redil y el pastor que pone su vida por ella traspasa las limitantes del tiempo, el espacio y la materia para trascender hacia la dimensión divina de la eternidad salvífica.

SÁLMICO 27

Jehová es mi luz y mi salvación; ¿de quién temeré? Jehová, la luz y la salvación poseen una cosa en común: no tienen explicación lógica humana. Jehová existe, por tanto, es real, sentimos su presencia, estamos convencidos que obra en las circunstancias que vivimos pero no hay forma de conceptualizarlo para mostrar su origen, consistencia o composición. La luz existe, es real, sabemos que está presente porque ilumina el mundo, pero no hay una fórmula física o química concisa que enseñe como se origina o de que está hecha. La salvación existe, es real, sabemos que está ahí porque la Palabra de Dios lo revela claramente, pero no podemos probarlo porque desafía todas las reglas del saber humano.

La imposibilidad de definir a Jehová, la luz y la salvación se debe a que son divinas y las cosas divinas son impenetrables para la mente humana porque están por encima de las dimensiones del tiempo, el espacio y la materia, debiendo ser reveladas por el Espíritu del que así lo dispuso. Del convencimiento de esta realidad, surge la pregunta desafiante: *¿de quién temeré?* Porque si le pertenezco al que está por encima de todas las cosas, ¿qué es lo que puede suceder que represente una amenaza para mí? Son infinitas las oportunidades en que se suscitarán posiciones desventajosas para nosotros, serán incontables los momentos adversos, pero Jehová, el Dios que hizo la luz y diseñó la salvación, siempre estará presente como escudo protector y por tanto, no hay motivos para sentir temor.

Jehová es la fortaleza de mi vida; ¿de quién he de atemorizarme? expresa el mismo concepto, pero en un aspecto diferente. La fortaleza humana radica en los huesos, los músculos y la alimentación, pero la fortaleza que viene de Dios consiste en renunciar a nuestras actitudes. La fuerza humana y su poderío no detienen el odio, no evitan los ataques ni mitigan el dolor, sino que lo incentivan, y se prestan más para la opresión que para la liberación. La fortaleza recibida de Dios desarrolla la convicción de que nada ni nadie podrá doblegar la fe, ningún obstáculo hará declinar la consagración y ninguna circunstancia doblegará el poder del Espíritu Santo que hemos recibido en premio al arrepentimiento y la obediencia.

¿De quién he de atemorizarme? El temor se manifiesta como resultado de un estado de incapacidad o desconocimiento. Estas dos características se derivan de la ausencia de Dios en la vida individual, pero cuando nos asiste Jehová con su sabiduría y enseñanza, el antídoto lo encontraremos en su Palabra sagrada:

1) Incapacidad: "Por lo cual, por amor a Cristo me gozo en las debilidades, en afrentas, en necesidades, en persecuciones, en angustias; porque cuando soy débil, entonces soy fuerte" (2 Corintios 12:10).
2) Desconocimiento: "Y si alguno de vosotros tiene falta de sabiduría, pídala a Dios, el cual da a todos abundantemente y sin reproche, y le será dada" (Santiago 1:5).

A partir de estas declaraciones fervorosas de pertenencia y confianza, comienza un canto *in crescendo* hacia la victoria. Las vanguardias efectivas necesitan una retaguardia poderosa, eso es precisamente lo que encontramos aquí. Sabemos que avanzaremos con seguridad en los caminos que agradan a Dios porque estamos apoyados por los propósitos expeditos de llevar su palabra. "Somos más que vencedores por medio de aquel que nos amó" (Romanos 8:37).

Cuando se juntaron contra mí los malignos, mis angustiadores y mis enemigos, para comer mis carnes, ellos tropezaron y cayeron. Los peores y principales enemigos de la vida espiritual del creyente son la sociedad y Satanás, que tomando oportunidad de las debilidades de la carne nos presiona con sus estrategias solapadas de aparentes beneficios para separarnos de la obediencia a los mandamientos divinos.

En nuestros días, ninguna institución secular responde a los intereses y principios morales bíblicos. Nuestros enemigos, angustiadores y malignos no son monstruos horribles con largos cuernos y cola de tridente tratando de aniquilarnos. Son el liberalismo, la inmoralidad y el ateísmo, que intentan eliminarnos como influencia espiritual dentro de la sociedad, difundiendo sobre la fe cristiana falsas teorías encubriéndose bajo la égida de la ciencia, el progreso y la igualdad. Pero a pesar de sus aparentes logros, jamás podrán derrotar la Iglesia ungida de Dios en la tierra (Mateo 16:18).

El tercer versículo no habla de ataque, sino de asedio. El ejército enemigo que viene contra nosotros acampa, se posiciona, presiona y espera. Su propósito es debilitar nuestras fuerzas y resistencia para doblegarnos por cansancio, desespero y hastío. Corroer la tenacidad espiritual del creyente es la estrategia principal del adversario de las almas, porque si decreta un ataque directo revela su identidad malvada y pierde el efecto sorpresa.

La táctica que utiliza Satanás no es explosión, sino implosión; destruir la Iglesia desde adentro, invadiéndola con falsas teorías, doctrinas y conductas, causando un proceso de mundanalidad en las actividades y funcionamientos internos de la casa de Dios. Debido a eso la Iglesia no debe ceder en las raíces de sus principios de temor y fidelidad a la escritura sagrada. En el afán de conquistar al mundo no podemos permitir que sea el mundo quien nos conquiste. Los que vengan a Cristo no pueden traer el mundo con ellos, tienen que dejarlo atrás, renunciar a sus costumbres y abandonar sus antiguas prácticas. La nueva naturaleza espiritual que nos entrega Jesús no es compatible con las reglas de la sociedad alejada de Dios. Estamos en la tierra, pero somos del cielo e inevitablemente, en algún momento el encuentro será frontal, pero podemos estar confiados porque Jehová es nuestra luz y Salvación.

El versículo cuatro se enfoca en la oración. La oración consta de dos elementos fundamentales: petición y acción, ya que nada sucede sin una intención que lo procure y una fuerza que lo produzca. La forma más efectiva de clamar por lo que necesitamos es salir a buscarlo auspiciados por la fe que está segura de que ya Dios lo ordenó y en su momento se cumplirá. La mejor de todas las oraciones es ser la solución del problema.

El segundo aspecto que le da forma y consistencia a la oración es el destinatario, la pretensión y su destino. Es muy importante pedir nuestros deseos a la persona correcta, dispuesta y capaz de ayudarnos. En asuntos espirituales de salvación, protección y permanencia el único que cumple con estos tres requisitos es Jehová, creador de todo cuanto existe. Nuestras oraciones serán cumplidas exclusivamente si las dirigimos al excelso, majestuoso y sublime destinatario celestial, que además de escucharlas, le presta atención y las responde. Lo que pretendamos alcanzar con nuestros ruegos debe concordar con los propósitos básicos de la esencia espiritual divina y comprometer nuestra voluntad con su cumplimiento, para que el destino final que alcancemos sea la estancia permanente en la presencia de Dios.

Para habitar en calidad de huésped en casa de alguien, se requiere cumplir con la disciplina establecida para agradar al anfitrión. Lo mismo se cumple para permanecer en la casa de

Jehová, que no es solo el cielo, sino también la Iglesia y nosotros mismos como templo del Espíritu Santo (1 Corintios 6:19).

La principal conducta espiritual que debemos observar es el amor, de donde se obtiene la capacidad para obedecer, implantar y desplegar las cualidades del carácter cristiano consagrado a permanecer y perdurar en las moradas divinas que Jesús tiene preparadas para los hijos de Dios. La siguiente condición para estar cerca de él es la humildad, la cual no se refiere a un nivel social o económico determinado, sino a una virtud del carácter. Una persona puede ser pobre, pero orgullosa, otra puede ser rica y conservar la humildad. El resultado directo del carácter humilde es sujeción a la Palabra de Dios, bondad, servicio y fidelidad, porque ser humilde es la condición imprescindible en una persona para obedecer.

El privilegio de contemplar la hermosura de Jehová merece todos los sacrificios que debamos hacer para lograrlo. Esta contemplación produce éxtasis, rendición, entrega y sublimación de la percepción espiritual. La nueva visión se convierte en el propósito de alcanzar la revelación de la Palabra de Dios por medio de la presencia del Espíritu Santo en nuestras vidas. Una nueva luz nos ilumina. Ahora nuevos destinos nos esperan: el Templo de Dios, la morada celestial y la vida eterna.

El versículo cinco se refiere a la protección. El tabernáculo construido por Moisés bajo la dirección de Jehová era el centro religioso, político y social del pueblo israelita. Allí tenían lugar las reuniones para tomar las decisiones y acciones importantes relacionadas con los asuntos pertinentes a la existencia y dirección de la nación, dirigidos por la revelación inspirada de Dios. En la idiosincrasia judía, el tabernáculo era la morada de Jehová y desde ahí se manifestaba su poder, sabiduría, bondad y protección. Básicamente, para ellos el tabernáculo representaba la salvación porque seguían el razonamiento lógico de que sí de ahí provenía, era debido a que radicaba en ese lugar. Ese es el motivo por el cual este versículo comienza declarando la bendición de estar todos los días en la casa de Jehová: *porque él me esconderá en su tabernáculo en el día del mal,* ya que todos estamos a salvos en el tabernáculo de Dios.

Pero las bendiciones nunca son únicas y limitadas, sino múltiples y prolongadas, por eso nos ocultará (nos pondrá a salvo) en lo reservado (lo más seguro) de su morada (su divino templo) y sobre una roca (Cristo) me pondrá en alto (el reino de los cielos).

Levantará mi cabeza sobre mis enemigos que me rodean (victoria); sacrificaré en su tabernáculo sacrificios de júbilo (obediencia); cantaré y entonaré alabanzas a Jehová (adoración). En el versículo seis vemos una muestra de la vía de dos direcciones en la relación con Dios. Primero, desde él hacia nosotros: nos da la victoria, facilita la obediencia y provoca la adoración. Segundo, desde nosotros hacia él: le ofrecemos adoración, obedecemos sus reglas y recibimos la victoria. Estamos completos en Dios, Cristo y el Espíritu Santo. El hombre se deshace en pedazos por la culpa, pero Dios lo reconstruye con el perdón.

No importa cuán bien puedan ir nuestros asuntos personales, familiares, económicos o sociales, nunca es suficiente todo lo que hayamos orado, siempre tenemos necesidad de seguir orando y clamando a Dios como muestra el versículo siete. *Oye, oh Jehová, mi voz con que a ti clamo.* Todo lo bueno que tenemos se debe a lo que hemos orado y Dios proveído, pero no podemos confiarnos porque ya lo tenemos que nunca lo perderemos, debemos perseverar en la misma actitud de oración y devoción para conservarlo. *Ten misericordia de mí, y respóndeme.* Misericordia es suplir por amor, proveer por piedad y dar con gozo. Únicamente Dios es capaz de hacer estas tres cosas para establecer su existencia, presencia y asistencia. Él siempre superará nuestras expectativas debido a que nunca resta o divide, siempre suma y multiplica.

Los próximos tres versículos se entienden como un tridente espiritual:

1) Versículo ocho: Consagración. Buscar a Jehová es la mejor decisión. El corazón, visto como un órgano biológico, tiene la función de propulsar el flujo sanguíneo en el cuerpo a través de las arterias y venas que componen el sistema circulatorio. Pero este mismo corazón, identificado como un elemento espiritual, entiende el origen divino de la vida y se responsabiliza con establecer la comunicación y comunión con el creador. Para los planes de Dios el corazón no es visceral, es sentimental y en el nace la decisión de buscarlo y encontrarlo.
2) Versículo nueve: Oración y adoración. Jehová nos recibirá, clamemos a él. El rostro, más que una imagen estética, es la personalidad, el reflejo de las intenciones y la expresión de las emociones humanas, pero tratándose de Dios significa misericordia, bondad y amor. El rostro de Dios es la entrada al cielo, y cuando se inclina hacia nosotros se derraman bendiciones de ayuda y protección. La creación, la Biblia, Jesús y el Espíritu Santo son los rasgos distintivos que hacen único el rostro divino.

3) Versículo diez: Salvación. Jehová jamás nos rechazará, él es refugio No hay vida sin desilusión ni existencia sin soledad. La incertidumbre causada por el abandono, el rechazo, la traición, destruyen la estabilidad emocional y crean profunda tristeza y sufrimiento. Estos sentimientos producen traumas y complejos que alejan y apartan al individuo de la interacción familiar, social y espiritual, confinándolo en un estado depresivo donde renuncia a toda esperanza de realización y felicidad, que muchas veces tiene consecuencias graves e irreversibles, incluyendo, en ocasiones, la muerte. Pero la Palabra de Dios nos asegura que por muchos y fuertes que sean los obstáculos, contratiempos y dificultades; por complicadas y desventajosas que sean las situaciones, condiciones y expectativas; Jehová Dios siempre atenderá cada una de las necesidades a que nos enfrentemos en nuestro peregrinar por los caminos de fe antes de llegar al cielo.

Estos últimos cuatro versículos conforman un bloque testimonial de lo que debe ser la vida cristiana:

1) Versículo once: Enséñame y guíame. Adquirir conocimiento es un proceso natural que permanece

durante toda la vida, pero la enseñanza es el aprendizaje dirigido por un instructor para que perdure por siempre. La vida nos enseña a subsistir, Dios nos enseña a vivir. La existencia sin la sabiduría divina pierde todo su valor, se convierte en algo insípido que no produce ningún placer ni satisfacción. Mas cuando la guía de nuestros pasos es la vía marcada por la Palabra de Dios, nada puede detenernos debido a que el verdadero hombre de fe no tiene enemigos, solo oponentes a la obra de Dios. La guía de Dios no significa facilidad o comodidad, sino estabilidad y constancia. Dios nos lleva por caminos nivelados y uniformes, pero debemos recorrer esos caminos para llegar a nuestro refugio espiritual. No debemos solamente ver al hombre esclavo de la maldad, hay que detectar y evitar al provocador del mal.

2) Versículo doce: Busquemos la protección del Padre. De todos los animales el ser humano es el más indefenso al nacer y el más dependiente al crecer. Por tanto, los hombres necesitan protección celestial desde el mismo momento de su nacimiento y Dios es el único que puede brindarnos un lugar donde encontremos seguridad y salvación de las falsedades y calumnias que nos acusan constantemente.

3) Versículo trece: Confiemos en la fidelidad del Padre. Este versículo está a tono con el refrán popular que dice: *lo último que se pierde es la fe*. Mientras tengamos fe permaneceremos en pie luchando. La bondad de Dios no es una meta que alcanzar, es una trayectoria en la cual disfrutamos de la misericordia y maravillas de Dios mientras la estamos transitando.
4) Versículo catorce: Esperemos por el tiempo del Padre. El aliento del corazón está en el esfuerzo; mientras más trabajemos, mejores resultados tendremos. Los que esperan en Jehová tendrán fuerzas y valor para conquistar las posiciones entregadas por Dios. De Jehová debemos esperar el cumplimiento de sus promesas de abastecimiento, sabiduría y protección, entendiendo que muchas veces el cumplimiento de estas promesas no tiene una fecha determinada, y además, la mayor de las promesas, la vida eterna, es para alcanzarla en esta vida pero para disfrutarla en la otra vida.

SÁLMICO 30

La gloria, concebida como un atributo espiritual únicamente le pertenece a Dios y nada podemos hacer nosotros con ella, solo adorarla. Jehová es glorioso debido a su santidad, majestuosidad y autoridad. Todo lo que vemos a Dios hacer se debe a su gloria, de donde emana el poder para realizar sus decisiones. Jehová nos salva, porque ante sus ojos somos muy estimados, lo que nos hace sentir exaltados. Merecer la atención de Dios es el mayor privilegio otorgado a un ser humano. Glorificar a Dios demanda total entrega en cuerpo, alma y espíritu, todo rendido a él en absoluta postración de las actitudes y capacidades. La manifestación de la magnificente gloria divina hace retroceder las estrategias de destrucción que puedan levantarse contra los hijos de Dios. En la gloria de Jehová resplandece su hermosura, se derrama su bondad y radica la gracia que se esparce sobre toda la tierra.

Existen tres sistemas de sanidad:

1) El natural: Sistema inmunológico.
2) El humano: La medicina.
3) El divino: La acción del poder de Dios.

Al parecer, en este caso, la enfermedad le había ganado al sistema inmunológico y derrotado la medicina, siendo necesario recurrir al poder de Dios que todo lo vence para obrar un milagro. Clamar es la llave maestra que abre el cofre de las bendiciones. La bondad divina tiene oídos sensibles al dolor y las tragedias humanas. Dios está por nosotros, él nos ama, y su sanidad es nuestro alivio y consuelo. Por las llagas hechas en el cuerpo de Jesús nosotros somos sanados. Traigamos nuestra vida enferma y sufrida ante el doctor celestial y hallaremos el consuelo necesario, porque la mano dulce y tierna de Dios al deslizarse delicadamente sobre nosotros es bálsamo que alivia y elimina el dolor que nos oprime y entristece. Realmente, la mayor enfermedad es estar lejos de él.

Todas las enfermedades no son iguales, unas matan el cuerpo, otras matan el espíritu; las que matan el cuerpo son temporales, mas las que matan el espíritu son eternas. Muchas veces, aunque estamos completamente saludables físicamente, sentimos que espiritualmente nos encontramos al borde del abismo, y tenemos deseos de dejarnos caer al vacío. Ocurre a menudo que parece acabarse el camino y se termina el espacio para avanzar, que no hay lugar propicio para nosotros en la tierra y renunciamos a sanar las llagas que queman la piel. Aceptamos como fatalismo personal que sufrir es el pago de nuestras culpas, olvidando que tenemos un redentor benevolente que nos levanta del desaliento que nos embarga imponiendo la esperanza sobre la adversidad, para vivificar el espíritu desfallecido con nuevos bríos, nuevas oportunidades y nuevos comienzos. Dios no quiere vernos bajar a la tumba, sino subir al cielo, por eso nos da vida en su Hijo unigénito Jesucristo.

La sanidad, la vida y la salvación se cantan. El canto conmemora, exalta, alaba y demuestra el sentimiento que celebramos por el favor recibido. El agradecimiento crea cánticos en el alma que se desbordan hacia el único que lo merece, Jehová. Él es santo, y sólo la música de los santos agrada sus oídos. La santidad únicamente acepta santidad.

La ira de Jehová es derivación de su amor por la humanidad, por eso no perdura ni daña, sino instruye y edifica, para perdonar y restaurar. El enojo de Dios significa que algo en nosotros nos está separando de él y eso disminuye su influencia en nuestra vida, impidiendo el flujo y presencia del Espíritu Santo que nos restaura, guía y bendice. La noche espiritual puede parecernos larga, pero siempre será temporal, porque habrá un mañana que traerá un nuevo amanecer radiante de la luz que derrota las tinieblas. Pero las noches pueden ser útiles si las aprovechamos para el beneficio del reino en oración, meditación y fortalecimiento de la fe. En las noches también trabaja y se manifiesta el poder de Dios, por tanto, en ellas debemos gozarnos, a pesar de la oscuridad. En la oscuridad de su noche de cautiverio, golpeados y encadenados, Pablo y Silas entonaron cánticos de alabanza y Dios estremeció la cárcel, abrió las puertas y soltó las cadenas que los ataban. Alabemos a Dios en la oscuridad de las noches hasta que llegue la mañana llena de alegría y gozo por las maravillas que serán hechas en nuestras vidas.

En la confianza está el peligro. Una vez protegidos, salvados y afirmados en la victoria que la benevolencia divina nos ha otorgado, es fácil creer que su favor es permanente y nos asalta una actitud de seguridad que puede convertirse en altivez. Somos hijos de Dios, pero esto no nos hace mejores, sino diferentes. Los creyentes en Cristo poseemos una fuerza espiritual proveniente del Espíritu Santo que agrega a la vida natural energía sobrenatural, proporcionando la resistencia espiritual necesaria que vence al mundo, y esto no debemos permitir que se transforme en vanidad. Nuestros logros no son condecoraciones, sino dádivas. *"Así que, el que piensa estar firme, mire que no caiga."* (1 Corintios 10:12)

La estabilidad no depende del balance corporal, depende de la actitud. Permanecer no es un acto fortuito de equilibrio, es una decisión analizada en detalle y tomada con firmeza. Cada paso de avance es un riesgo de retroceso, cada peldaño escalado es un peligro de caída. Ocupar una posición espiritual con autoridad y capacidad para desafiar los embates contrarios durante el recorrido del camino de fe, exige tomar precauciones que eviten ser sorprendidos imprevistos. Tener planes, tácticas y estrategias concretas aseguran conservar la ubicación espiritual que complace a Dios. En ninguna circunstancia, la confianza en nosotros garantizará el favor de Dios, sólo la actitud de dependencia hacia él hará posible conservar las bendiciones alcanzadas.

La vida de fe es un clamor de súplica a Jehová y al Señor, que son Jehová el Señor, y también Dios el Padre, Dios el Hijo y Dios el Espíritu Santo. La trinidad divina se manifestó abiertamente en el Nuevo Testamento, pero ya existía y se manifestaba desde antes y a través de todo el Antiguo Testamento.

No es lo mismo cometer errores que pecar. Cualquier persona puede equivocarse por desconocimiento, imprudencia o impaciencia, pero pecar es, conociendo la palabra, la voluntad y la enseñanza de Dios, ir en contra de ellas voluntaria y deliberadamente. Al parecer, este es el caso expuesto en los versículos seis y siete. David se sintió tan confiado y seguro en sí mismo, que se olvidó de darle la honra y la gloria al soberano de Israel, y el versículo ocho es el intento de enmendar ese pecado. Todo lo que tenemos proviene de Dios y debemos dar gracia por ello. Olvidarnos de la adoración y devoción es un motivo frecuente por el cual Dios esconde su rostro de nosotros.

Tratar de persuadir a Dios con excusas no es un método plausible para obtener perdón porque él escudriña los corazones, conoce los planes y descubre las intenciones. ¿Qué ventaja hay en morir? Mucha, ya que nos ausentamos del cuerpo para estar presentes al Señor (2 Corintios 5:8) ¿Te alabará el polvo? Seguro que sí. Aunque todos callen, las piedras clamarían (Lucas 19:40) ¿Anunciará tu verdad? Por supuesto, para eso vino Jesús, a predicar el año agradable del Señor (Lucas 4:19). Nada impedirá que el evangelio de Jesucristo sea anunciado por toda la tierra y entonces vendrá el fin (Mateo 24:14) El objetivo de la gran comisión (Mateo 28: 19,20) no es llenar la

Iglesia, sino provocar la segunda venida de Jesucristo a buscar su novia vestida de lino fino para celebrar las bodas del cordero en el cielo.

La única manera de pedirle perdón a Dios es venir a su presencia arrepintiéndonos sinceramente de los pecados cometidos, decididos y comprometidos a no volver a cometerlos porque le desagradan y dañan nuestra relación con él. Tenemos que reconocer nuestras culpas y comprender que no pueden ser perdonadas basadas en nuestras bondades, sino sólo por su gracia y misericordia, porque ha sido el único que ha proveído el medio, el método y el resultado para ser aceptados nuevamente en su presencia como hijos amados. Exclusivamente Jesús tiene poder y autoridad para ayudarnos con la salvación.

El pasar del tiempo no mejora las cosas, las empeora. El tiempo hace envejecer, desgasta, destruye; es mentira que trae olvido, solo conformidad con la derrota. Los cansancios de vivir acongojan, extenúan; caminar pesa, duele, y la única salida parece ser dejarse caer. El tiempo se convierte en el lamento de la vida y el suspiro de la esperanza. ¿Cómo hacer para que sea útil? Entregárselo a Dios, que lo convierte en momentos de encuentro, cambio y comienzo. Él es eterno, y no tiene necesidad de medir el transcurrir de su existencia. Hemos sido nosotros, en nuestra limitación, los que hemos establecido un sistema de medidas para marcar puntos de referencias en la historia humana. En el tiempo infinito de Dios se desenvuelve la vida. Somos pasajeros temporales de su eternidad. El pasado es diluido por la voluntad divina y convertido en el comienzo de un futuro diferente. Aunque estemos soportando el mayor de los abandonos y atravesando el más cruel de los sufrimientos, en el próximo instante puede ser transformado en gozo y danza por y para el Señor celestial que sostiene las almas con la palma de sus manos.

El cilicio, en estas épocas antiguas, era una prenda de vestir áspera, hecha de pelo de animal, utilizada deliberadamente para causar incomodidad, picazón y molestias en el cuerpo. Se usaba para mostrar penitencia, congoja y arrepentimiento por algo o alguien. El cilicio de la vida espiritual es todo aquello que afecte la relación con Dios y nos separe de él. Sin darnos cuenta, asumiendo que estamos obedeciendo, cometemos muchos errores, porque obedecemos a nuestra manera, y no como Dios lo ha ordenado específicamente en su palabra sagrada.

Un ejemplo de esto es Abram, que obedeció a su manera cuando Dios le dijo: *Vete de tu tierra y de tu parentela, y de la casa de tu padre, a la tierra que te mostraré* (Génesis

12:1). El emprendió el viaje (obediencia) con su sobrino Lot (desobediencia), el cual le causó problemas y contratiempos cuando llegaron a la tierra prometida. Este es nuestro caso, pretendemos obedecer siguiendo nuestras reglas, y nunca agradaremos a Dios actuando de esta manera. La obediencia debe ser exactamente como está expuesta en la Biblia. Nuestro cilicio será desatado cuando nuestra conducta no denigre la obediencia debida a las órdenes divinas y seamos investidos con la alegría que emana del corazón de Dios y contagia el nuestro.

Cuando se producen en la vida las bendiciones de la protección, liberación y emancipación de las opresiones, ataques y amenazas que hacen peligrar la estabilidad personal, emocional y espiritual, hay música interminable en el alma. Esta música llega a los pies del trono de la gracia, donde está sentado Jesús a la diestra del Padre intercediendo por nosotros para que no falte la guía, revelación y poder del Espíritu Santo en nuestras vidas iluminando el camino de redención en la fe de nuestro Señor y Salvador Jesucristo. El hijo unigénito de Dios, el que vivió y murió para el perdón de los pecados y resucitó para darnos la vida eterna junto con él en la presencia del Padre.

SÁLMICO 32

Nacemos y vivimos expuestos al pecado. Las transgresiones suceden porque las buscamos y cometemos; la tendencia a separarnos de Dios es innata. Es incorrecto culpar las circunstancias, las necesidades o la sociedad por nuestros pecados y desobediencias, ya que tenemos la guía infalible de Dios en su Palabra escrita para conducirnos adecuadamente según su voluntad y agradarlo. La responsabilidad por nuestros actos siempre es personal, por eso la salvación es individual. La gracia de Dios, definida como el inmerecido favor divino, cubre nuestros exabruptos, nuestros pensamientos involuntarios y todo aquello que nace en la carne, pero no llega a convertirse en pecado. "*Airaos, pero no pequéis; no se ponga el sol sobre vuestro enojo*" (Efesios 4:26). Debemos saber controlar los impulsos carnales provocados por estímulos circunstanciales para evitar traspasar la ley de Dios y no dañar la imagen de Cristo ante los hombres.

Una persona bienaventurada es la que goza de ese favor inmerecido de Dios, la gracia, y por ello es feliz y próspera. Ese favor perdona los pecados y cubre las transgresiones, lo cual nos proporciona paz espiritual porque Jehová no nos culpa de iniquidad ni encuentra engaño en nosotros. El bienaventurado camina con pie firme, sonríe ampliamente y vive a plenitud. La bendición, aunque tiene influencia sobre lo material, es principalmente confiar que la seguridad de Dios nos asiste de manera especial durante las dificultades y nos conduce a la paz y libertad del Señor. Los bienaventurados contamos con Dios (Mateo 5:3-12).

El perdón no es automático, hay un requisito indispensable para obtenerlo: pedirlo. El pecado oculto, no confesado, es fuego que quema el alma y apaga el espíritu, apartándonos de Dios. Mientras más retenemos el pecado, mayor es el daño interno que ocasiona y mayor la distancia que establece entre culpa y justificación. Aunque Dios lo sabe todo, él requiere una declaración de pecado para otorgar un acuerdo de anulación de condena. Confesión es equivalente a liberación. Tener conocimiento de lo que nos separa de Dios y no resolverlo afecta el contorno y contexto humano en el cual nos desenvolvemos. Hablemos con Dios para acallar el llanto que nos consume el alma.

La primera consecuencia directa por mantener nuestros pecados inconfesos es separación, ausencia y pérdida de la presencia, bendición y protección de Dios. Una de las ideas de fondo detrás del concepto de pecado es errar el blanco, lo cual se refiere, en el ámbito espiritual, a conducir nuestra vida hacia conductas equivocadas. Debido a que el pecado es rebelión, los resultados negativos como consecuencia de nuestras acciones no tardan en aparecer y los proyectos, planes y sueños no se concretan como están planeados o no se llegan a realizar. No es culpa de Dios, es culpa nuestra.

La intención de Dios es que nuestras circunstancias sean cómodas y propicias. Somos nosotros quienes nos encargamos de tornarlas difíciles, pero al mismo tiempo, Jehová convierte esas situaciones en motivos para acercarnos a él y que puedan producir el quebrantamiento que conduce a la confesión de culpas y petición de perdón. Este, una vez otorgado, nos traslada a la posición de inocentes, exonerándonos de las condenas que debemos pagar, porque se nos atribuye el pago por las culpas del pecado que Jesús efectuó en la cruz.

La oración es el método establecido por Dios para que los santos se comuniquen con él. Orar es la acción que nos introduce en el ambiente espiritual, dentro de la realidad divina. Mediante la oración, el significado gramatical de las palabras se transforma en impulsos afines al fluir del Espíritu Santo que le traslada a Dios el sentir y la necesidad que nos abruma. Los santos no son los que están en los altares para ser adorados, sino los que hemos entregado nuestra vida a Jesús. La calidad de santo no es un título *post-morten*, es una actitud ante la vida, una manera de vivir para agradar a Dios. Hallar a Jehová solo es posible antes de que él regrese o antes de que muramos, cualquiera de las dos posibilidades puede suceder repentinamente, por tanto, no debemos postergar recibir a Jesús como nuestro Señor y Salvador, porque el siguiente segundo puede ser tarde. Analizando atentamente estas dos posibilidades, el rapto o la muerte, nos percatamos de que estamos a un instante de la eternidad: puede que no haya un próximo latido del corazón o en el próximo segundo suceda el rapto. Tomemos conciencia de la imperiosa necesidad de entregarle la vida a Jesucristo, que fue enviado a salvar el mundo y es el único con poder, autoridad y voluntad de librarnos de la inundación de contradicciones que nos agobian. Cuando nos ayuda el más fuerte, no hay nada que temer.

El verdadero refugio que necesita el alma solamente se encuentra en la comunión con el Espíritu Santo, buscando su presencia y siguiendo sus instrucciones. Los refugios deben ser inexpugnables, ofreciendo total seguridad de salvación a los que se resguardan en su interior. Únicamente Jehová cumple con estos requisitos: Él es fortaleza en el día de la angustia (Nahum 1:7), torre fuerte (Proverbios 18:10) y galardonador de los que le buscan (Hebreos 11:6).

Al confesar nuestros pecados la angustia desaparece y abre espacio para el regocijo por haber sido restaurados en la relación espiritual que nos pertenece por naturaleza. Ser libres no es hacer lo que queramos sino estar donde debemos. Libertad es fluir en la voluntad de Dios y ser canal de bendición.

Para entender hay que ser enseñado y para enseñar, hay que haber entendido. Una de las características inmanentes de la deidad es la omnisciencia, lo cual significa que Dios lo sabe todo, por tanto, tiene total entendimiento de los procesos cósmicos, terrenales y humanos, poseyendo la máxima sabiduría existente en el universo. Esta categoría de omnisciente lo califica como el maestro mejor calificado para hacernos entender nuestra razón de ser, enseñándonos sus caminos y propósitos con el objetivo de lograr la realización plena del ser humano mediante la recuperación de su esencia espiritual santa original, con la cual fuimos creados. Todas las verdades necesarias para ser salvo nos han sido reveladas en el evangelio de Jesucristo.

La diferencia que separa a los animales de los seres humanos es el raciocinio. Los animales son instintivos y nosotros somos racionales. Ellos deben ser conducidos con riendas y nosotros guiados con instrucciones. El reino animal no tiene conciencia de un ser superior que rige los destinos. Los seres humanos poseemos espiritualidad que nos revela la presencia de algo por encima de lo conocido, palpable y visible que gobierna las relaciones y desenvolvimiento del universo. Tenemos el honor de saber que existe un Dios verdadero, creador y poderoso, y como creyentes tenemos el privilegio de vivir en comunión con él por medio de la fe en el sacrificio eterno y suficiente que realizó su hijo Jesús en la cruz del Calvario.

La impiedad es dolorosa por los acontecimientos y circunstancias que la promueven y las consecuencias resultantes de la misma. No hay ninguna ganancia en ser impío. La manera más consecuente para lograr una vida sólida, estable y plena es seguir los principios morales cristianos establecidos en los evangelios. Esperar en Jehová no es ocio, sino ardua labor en el establecimiento del reino de Dios en la tierra. La actitud de espera ejercita la paciencia como fruto del Espíritu y esto nos rodea de bendiciones celestiales en la tierra. Actuar es una acción de suficiencia; esperar es un hecho de fe.

La verdadera alegría es el gozo de ser justos, ser aquellos que han sido justificados por la justicia de Jesús. Estar alegres es el mejor estado de ánimo que podemos disfrutar si la fuente de contentamiento es un corazón que ha cumplido con el propósito establecido desde el principio por Dios. El júbilo celestial manifestado en la tierra es el premio a los que confesamos, aceptamos y profesamos la obediencia como único medio de satisfacer las exigencias divinas para vivir en el cielo junto con Dios.

SÁLMICO 42

La sed es la necesidad más terrible que se pueda sufrir y es la primera en aparecer, antes del hambre y el sueño. El hambre se puede mitigar comiendo lo que encontremos y el sueño se alivia durmiendo de cualquier manera, pero la angustia del sediento sólo se calma bebiendo agua. El vocablo ciervo, con "c" al comienzo, indica el animal salvaje, la palabra siervo, con "s" al principio, es aquel que sirve con diligencia. Nosotros, como cristianos, servimos con diligencia a nuestro Señor Jesús, que es el agua viva que calma la insaciable sed de Dios. Estar en la presencia de Dios es la prioridad suprema del creyente para evitar la posibilidad de morir de sed al no encontrar la fuente divina de agua de vida.

El enfoque constante de nuestro pensamiento y cada paso de nuestro caminar debe estar dirigido a encontrarnos con Dios. Llegar ante él sobrepasa toda emoción y debe convertirse en la suprema expectación de todo ser humano conocer a su creador.

El llanto es parte de la vida y separados de Dios lloramos muy a menudo. Pero debemos saber que Jesús lloró (Juan 11:35) todos los llantos humanos para que no tuviéramos que llorar más, sino colocar nuestras lágrimas en sus mejillas. Muchos criticarán nuestra fe, otros se burlarán de nuestra consagración, mas la seguridad de la existencia y presencia de Dios es el agua que calmará nuestra sed de justicia y victoria. ¿Dónde está tu Dios? Está en todos los lugares, en todas las situaciones; está donde mismo estaba cuando Jesús moría en la cruz, en el trono de la gracia consolando a los necesitados y desamparados del mundo. Dios está aquí, en mí, en ti y en todos los que lo reciban.

¿Quién puede olvidar un encuentro con Dios? La paz, la quietud y la luz que nos envuelve es única, incomparable e irrepetible. El gozo interno producido por esta experiencia quebranta, rompe, derrite nuestras fibras vitales y las funde en un bloque de adoración perpetuo. La energía del liderazgo produce una satisfacción inmensa en la cual tratamos de permanecer para nutrirnos de la sabia espiritual que emana de la deidad.

La realidad es que todo lo que nos rodea conspira para desalentarnos en la fe, el Espíritu y la obediencia, sufriendo constantemente los embates de la oposición espiritual que se recrudecen sin cesar. En la sociedad actual, nada nos ayuda a seguir a Dios, por eso Dios nos dio la promesa de que el cielo se alcanza por medio de muchas tribulaciones (Hechos 14:22). Puede que en algún momento la depresión intente desviarnos, pero debemos combatir en contra de estas amenazas con abnegación. El ministerio cristiano es sufrido, pero gozoso y lleno de satisfacciones entregadas como premio a nuestros sacrificios.

Nuestras fuerzas se debilitarán, nuestros ímpetus decaerán, mas Dios será el escudo que detenga y apague los dardos de fuego del enemigo. Refugiarnos en el pasado no es conveniente, pero ignorarlo es peor, porque de él extraemos las conclusiones que debemos aplicar en el presente. Esperar en Dios es activarnos en oración para que la bendición tome el tiempo necesario para concretarse en hechos. Además, la espera hace florecer la paciencia como fruto del Espíritu. También debemos "*correr con paciencia la carrera que tenemos por delante* (Hebreos 12:1), porque la paciencia permite poner atención a los detalles (tan importantes cuando se trata de Dios) y agrega estabilidad y seguridad en los pasos requeridos para avanzar. Cuando le damos a cada proceso el tiempo necesario para madurar, produce los resultados adecuados que aseguran el éxito de la próxima etapa, consolidando la continuidad del evangelio.

Jehová ama la claridad y en medio de ella ordena que se otorgue su misericordia. Jesús nos advirtió: "*El que anda de día, no tropieza, porque ve la luz de este mundo (a él mismo); pero el que anda de noche, tropieza, porque no hay luz en él* (Juan 11:9,10). Las noches, por muy oscuras que sean, no son eternas, siempre hay un brillante amanecer para desplazarlas. El apóstol Pablo y su compañero Silas, golpeados y adoloridos, encerrados en lo más profundo de la prisión, en medio de la noche oraban y cantaban himnos de alabanza, y Dios obró maravillas en medio de ellos para liberarlos. La entrega total es garantía de promesa cumplida. La oración verdadera integra lo que somos: los deseos, las esperanzas, las necesidades, el futuro indescifrable y cada una de las cosas que percibimos imposibles de alcanzar con nuestras energías.

Mi oración al Dios de mi vida dice: yo en él, con él y por él seré fiel y me gozaré en las pruebas porque la misericordia celestial se derramará sobre mí como ungida bendición. La vida puesta en Dios asegura que Dios esté en la nuestra.

Los tres versículos finales son el resumen del salmo:

1) *Roca Mía*: El Dios que aplaca la sed.
2) *¿Por qué te has olvidado de mí?:* Necesito a Jehová para poder vivir.

3) *¿Por qué andaré yo enlutado por la opresión del enemigo?*: Sin la protección de Dios no existe posibilidad de victoria.
4) *Como quien hiere mis huesos, mis enemigos me afrentan, diciéndome cada día: ¿Dónde está tu Dios?:* Muestra ¡Oh poderoso! tú gloria con poder para que el mundo conozca la fuente de mi fe.
5) *¿Por qué te abates, oh alma mía, y por qué te turbas dentro de mí?:* Por muy duros que sean los contratiempos y obstáculos no hay motivo para renunciar porque Jehová acudirá en el momento preciso y se cumplirá su voluntad, que siempre es lo mejor que puede suceder.
6) *Espera en Dios*: Nos desenfocamos de lo correcto con la expectativa de lo cómodo, más sólo en Jehová vendrá lo conveniente.
7) *Aún he de alabarle*: Las circunstancias nunca serán favorables o adecuadas para buscar a Jesús, pero perseverando lo encontraremos.
8) *Salvación mía y Dios mío*: Jehová es el que fortalece mi alma y levanta mi cara frente a mis enemigos.

EPÍLOGO

Lo que el lector ha encontrado en este pequeño libro son las ideas que Dios puso en mi corazón sobre algunos de sus salmos, para escribirlas a modo de conversación coloquial aplicada a la vida del creyente de nuestros días.

El único objetivo que me ha animado a redactar estas páginas ha sido, primero, obedecer a Dios; segundo, buscar la oportunidad de decir algo útil para alguien necesitado de una guía proveniente de Dios; tercero, la satisfacción del deber cumplido.

Que Dios los bendiga a todos abundantemente.

Rev. Ricardo Montano

Printed in the United States
by Baker & Taylor Publisher Services